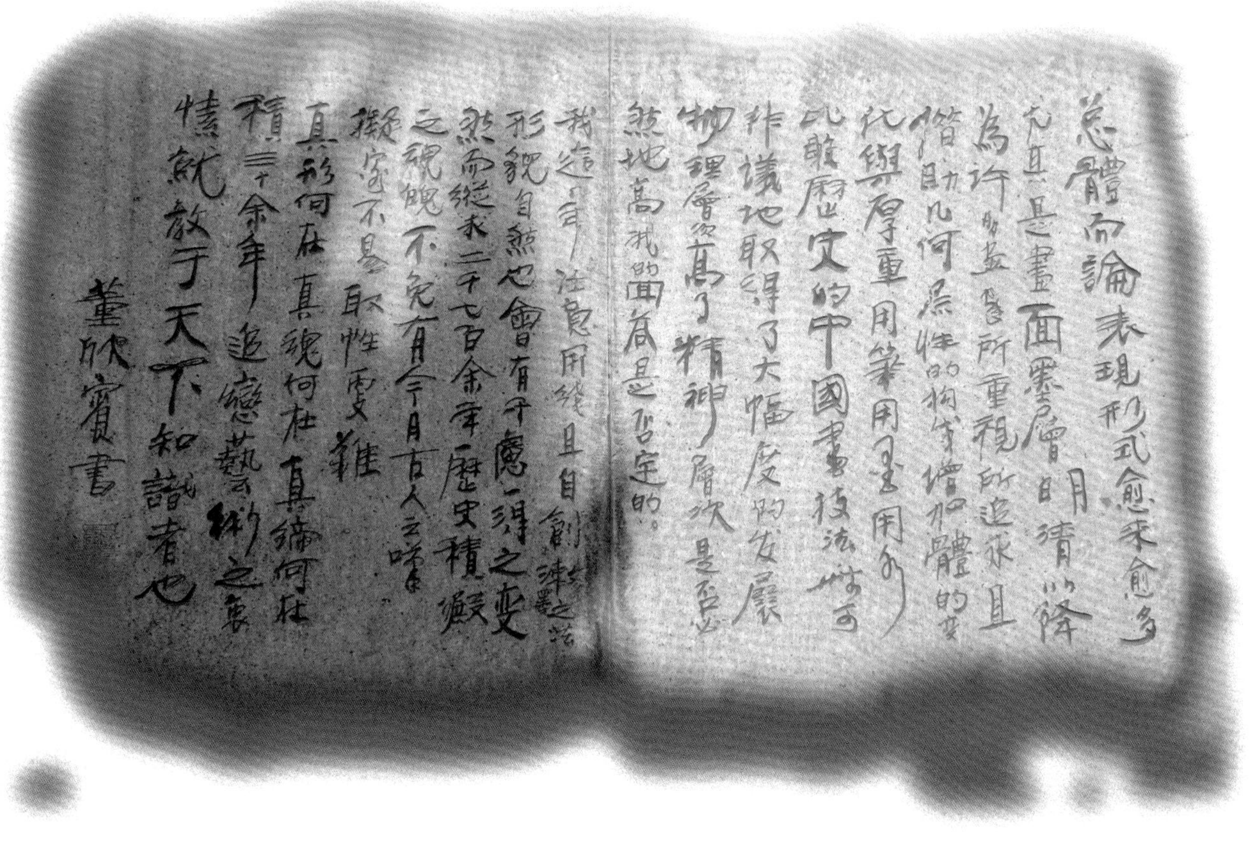

總體而論表現形式愈來愈多
尤其是畫面墨層日明清以降
為許多畫家所重視所追求且
借助几何點性的物質增加體的要
代與厚重用筆用墨用水
此點歷史的中國畫技法也可
作議地取得了大幅度的發展
物理層次高了精神層次是否也
然地高我的回答是否定的。
我追求注意用線且自創潑墨之法
形貌自然也會有千變萬化之變
然而縱求二千七百余年歷史積澱
之魂魄不免有今月古人之嘆
擬容不易 取性更難
真形何在 真魂何在 真締何在
積三十余年追戀藝術之衷
情就教于天下知識者也
董欣賓書

欣然為賓

董欣宾先生逝世十周年纪念集

主编 邓锋

文化艺术出版社
Culture and Art Publishing House

忍受了漫长的责难

静似耸岩

抚着那顽性达到傲骨

昂首白云

凝望那长天孤鸷

飘飞在黄昏暮色里

——摘自《时空里我必将永恒》

目录

自传

我父母都种地，中年之后种得怨天恨地，因为付出了大量的劳动，所得甚微，粮食价一斤才一角七分左右，比不上工人的劳动价值高，是一种"低值劳动"。这是我青少年时接受的教育，农民最不好当。

1957年反右，干部打成右派，下放农村管制劳动，出身劳动者的尚可应付，出身知识分子，其景况便惨不忍睹。这时，我才深深明白，劳动的重要是有一个立于不垮的体魄，并且吃饱肚子，一切劳动的价值均由此而开始。

所以我立身的宗旨在青年时便确定下来，此生一定要当一个健康的自食其力的劳动者。我从小对参加农业劳动，即低值劳动很是轻视，普天下这种劳动太多，物以不稀而不贵。于是理想的劳动便是打铁、当铁匠，一方面身体有劲，能吃饱饭，万不得已，造起反来打一把"刀"也不必劳驾别人，技艺精一些，打一支火枪也可自筹法则。但当铁匠，父亲极其反对，当铁匠便"扫地出门"。在父亲眼里似乎那"低值劳动"要比铁匠高贵一些，至于打刀打枪更是且且不可启齿。

我天生爱自然，风里、雨里、山窝里，上树捉鸟，烧山放火，下水捉鱼，加上私恋打铁这玩意儿，算是金木水火土五行俱全的青少年。

家乡的美境综而合之喜欢了"绘画"这门东西，因为它可以寄托我的怀恋，表达我的想象，于是8岁拜张云耕学书法，15岁拜秦古柳学山水，19岁进南京艺术学院中专部求造，但并没有想当画家。父亲似乎倒是很支持我当画家，因为我考取了附中，他很想将他那个心爱的鹅杀给我吃上一餐。

当过教师、兵、医生，没有办法了此一生，为了改善生活，便逼得在37岁时再度进"南艺"，考了刘海粟老师的研究生。确于艺术的庄严，我便逼得作了些努力，于是成了流行所称的"著名画家"。我一著名，似乎安了我的身，定了我的命，也写了几部与众不同的关于画的理论的著述，大多是我口述，郑奇执笔，且完备我之不足。

天上漏下了一块冰，称为"陨冰"，让我长思17年之久，又口述多年，与郑奇写下了《太阳的魔语——人类文化生态学导论》。

妈妈逃到上海去开店、打工，将我丢在乡下，冬天衣薄，上学时冻僵在冰雪的田埂沟里，一时爬不起来约二十分钟。太阳出来，我才勉强起来。这时发现才是正规的黎明，红装素裹，冰光雪影，田野一脉。从那时起，似乎我一直再没有倒下，一直倔强地走在这世界里，这冰雪的路上。世途天地，人生再也没什么大变化了，脚下一直是一条四野无人的冰冻雪堆上学的路，还有我足下的影子。

平生最喜欢三部书：《老子》、《论语》、《易经》。至恶一切绘画、艺术理论和今天时人之小说、散文。平生最买账的人是孔子、毛泽东，因为他们才有思想。喜欢俄罗斯文学及美国文学、德国哲学，最喜欢的小说家是雨果、巴尔扎克、莫泊桑、曹雪芹，最近喜欢的书是陈宜山的《中国古代的元气学说》和普里戈津的《从混沌到有序》，还有我自己的这部书《人类文化生态学导论》，别称"魔语"。

自我定位

有人将我的绘画列入江苏"新文人画"，我不同意。因为江苏的所谓"新文人画"大多是旧传统在文化市俗化层面上的开合，这些画家大多与我同代，在同一艺术氛围中成长，大多数是受我绘画的感染性表现，或者是流派性反应，与我有一定的联系，然而又有本质的区别。他们的最大不足是缺少传统文化在交流层面上的主动性高度，只是一种交流文化浪潮中的被动产物，有一些竟是文化消极面的浮泛，缺少时代的真正的前卫质量，我的画显然不属此范畴。

有人将我的绘画列入传统绘画范畴，便更为粗糙而不具备认识中国画内外蜕变的深切能力，以貌取象失之对独创思维的敏感度，他们缺少渲染一个特殊文化时期的学术家的基本功力。

我绘画的基本性格是主动交流型的。具体地讲，一是高质高量。高质是在对传统的继承研究基础上的延拓，主要表现在对线的分析，即通过对线的理性分析而取得自由、独立的制控高度，我的线的语言抽象价值具有我文化性格的托命意义。我的论文《中国画点与线的内结构解析》便是代表这种对线的理性分析的学术思考；我的《乐山大佛寺松》、《松者之谓也》、《傲天》等大量作品便是这种线性质量追求的代表作。高量便是由质而来的西方文化的融入性开拓，是墨量在画面的有序性置陈及假具象性的描述表现，也可以说是对空间、时间的具象抽象、意抽象、境抽象等等，即新意境的渲染，如《太湖夜泊望月西》、《夜半钟声到客船》等高密度低调性作品便是范例。墨量的有序置陈追求，使我对用墨的低调、高调及中间调的把握进入综合理性状态。运笔作线，用水施墨均立足在高质高量的追求角度之上。

我的作品的第二特征是"冷抽象、热表现"，即表现方式表面上保持传统绘画在表现上的直觉形态，而置陈方式完全建立在严格、冷静的点抽象的绝对均衡基点上进行占位，就如天空星星守称的和谐，具体由我的"九宫数对法"（参见《中国绘画六法生态论》之"经营位置"一章节）为布置标准，以最佳数布之审美技巧，取得最佳感受的审美享受。冷抽象是内构成，热表现为形象的直觉综合，即完全排斥自相的类相法则的造型构成原则。所以表面保持了传统相貌而完全根植于古今中西文化交流的时空十字架上，展开对中国画的新生命之赋予。

言传统是讲绘画的历史性格，而我这种方式的研究、创造，是具有一定的共时性和超前性的。这才是我绘画的属性。因之，我的成绩证明我是本时代的一个具有极大创造力的开拓型的画家，我的历史也便是今天绘画发展史的重要环节。

欣賓

欣賓画语

自談自註

一

我思考，故我圖畫；我圖畫，故我思考。

①圖者規律之跡形，畫者跡形之方式

二

且毋須討論，只有創造。在創造時傳統是不成立的，創造成立時，便成傳統。

②即傳統只能是創造者的精神貫鏈

三

傳統是歷史，是體系，是不同時空段，多種可傳性因子（即內涵）的活性運轉產生的系統。因此，傳統又是在特定時間中具有再生力的空間。傳統一俟失去這種再生力，歷史便也變成句號。

③即不存在時間的活性

四

一切反傳統的口號便是對這種體系活性指承力的無知與無智，特定條件下，是一種文化法西斯主義。

④所謂文化法西斯係觀念取代直覺直美的体現

五

『中國畫』這個名字顯然首先是第二人稱，或者說是外稱。不存在外系統文化，便不存在這個名字。他應當產生于文化交流的語境之中。

六

自稱：以一『畫』字足矣！繪畫，圖畫，均屬變稱。

⑤畫者勾描仿写而已

七

凡畫，必用文房四寶：毛筆、黑墨、紙張、硯臺。水墨畫專用宣紙。這里所指均是材料學概念。

⑥工筆写意及再写者無不以宣紙及絹為載体

圖畫中沒有硯的概念。而有筆、墨、紙、水，因為這是藝術學概念。譬如講用筆，用墨，力透紙背，水墨淋灕，便完全脫離了材料學概念的含義。

⑦由材料而升化為觀念是形上之道取

八

墨是什么？墨是炭與土，黑從炭，字的形象猶如黃土地上一堆土，刀耕火種的形象，這里透視的是農耕文明之文化性格。我出生在烏土壩黃泥溝，烏便是黑，黃自然是土，我便是這烏黃世界里出來的。

⑧土，中华民族的族性属土，由土生金而五行為序

秦磚漢瓦，兵马俑，唐三彩，到紫陶瓷二器無不生于土

形而上者道之在焉

三

观念由墨而来。

九

宣紙是什么？是種精神產品，就像曹雪芹先生寫的《紅樓夢》，具有精神產品不可重復的特殊性格。它產生在安徽宣城，除此之外，地無分中外，人無分洋土，都沒有發生過有效的重復。它具有永恆的中國屬性。

⑨宣纸是中国造纸业的结晶品，是技术又是灵感之产物

十

原子彈，氫彈，我們有能力重復，因為它只是物質產品。不具備東方精神的任何民族，不可能制造出宣紙。這是造紙王國的驕傲。中國畫家應當具備這一常識與情感。

⑩这是应当有的中华文化的本土精神

十一

毛筆在夠格的東方畫家手里，應當是情感的工具。她不接受一切蠻力，好忍受儒雅婉約的柔情。油畫筆在制作中用的是筆毛的剛力，毛筆在水墨畫家手里賦予的是柔勁。

⑪是太极动，是绕指柔，是线性

十二

中國繪畫的根本觀念是辯證意義上的平面觀念，即從根本意義上堅持紙是平面，平面的不可逆轉性，所以畫面是經營位置。

平面上，平行綫永不相交。所以西方透視學終究不能參加中國這平面觀畫法的改造更新

⑫这是常识，同时又是原理，是玄流观念

十三

經營位置又稱天地位置。此即從含義上將紙平面看成天地。經營位置既是于平面上的布置，又是將所需表現的視覺印象置于天地，平行于天地，所以是對天地的整體『模寫』。

⑬宏观宇宙美学心理

十四

西方繪畫講構圖，今世稱構成。構圖意識是將平面看成能再現空間的觀念，即在其學科意識上認為平面是可逆轉的。所以其構圖是將時間與空間進行切割性之行為。在這一個空間里平行綫自然相交，透視便合理地成為西畫畫法的組成部分。

⑭色、明暗均有此构成序列，进入有序和谐耗散

十五

要求持堅定平面不可逆性的中國平面體系性繪畫有透視才有科學，等于要求平行綫在平面上相交，這是既不科學的思維也不懂得透視藝用價值的無知表現。

⑮透视只是现代视科学知识，可以借鉴，不可取代

十六

就是因為不同的平面觀念，即平面可逆與不可逆，才展開了東西藝術哲學的體系性對峙，交流則是這種對峙意義上的相互排斥與吸收。

十七

中國之美術學校均設有西畫系。其歷史背影是西方文化東漸，我們所表現的重視與接受也是一種文化精神，但就此而認為自己的文化劣于外文化，則我必將視此為文化的劣性表現。

十八

經營位置，當然是一種平面意識的布置，其本質是繪畫形象，(包括點綫、色強度、虛實諸繪畫因素)在平面上的均衡、均稱。這種衡稱要求，頗相似于宇宙物體的守稱，所以比之于平面可逆而論，這里的平面觀，得到的是非切割時空意義上的巨空間感受。

十九

所以西方油畫素描為代表的繪畫是對客體時空光色段分析理性邏輯，為此表現了時空的切割形相。這種分析理性到工業革命之后，為物理學所制控而成為科學性繪畫。中國畫則恰恰相反，他一直在辨象直覺心理邏輯規範之中。

二十

說中國畫不科學是抓住了中國畫純直覺藝術這一特性，若必以科學論之，那它完全成立于心理及思維學之間，我們可以以三遠法為例。

二十一

中國畫不認同視覺的局限，觀察方法便是一個自由自在游行于察觀世界之中，仰觀、俯察、平視，在這種不同視覺中體驗其美的曲型感受，所謂仰觀生敬，俯察生壯，平視空闊遼遠，這便是在大觀察量前提下的典型心理確定。

故中國繪畫三遠法便是這種不定點、不定時的審美心理經驗的抽象，也可經說是大量觀察的概率律化模式。

二十二

透視是定點觀察的視覺局限的消極確立，照相機便是這一種局限的機械眼睛，中國繪畫則有些像今天錄像式的觀察，并必將錄的影像復合為一。

二十三

不同的藝術哲學便是在這樣的不同實行中形成。即不同的觀察方法和視覺觀念，藝術法則所決定。藝術模式的同變异化又為這種哲學發展所制控，今天西方之現代藝術亦不例外。

二十四

要將錄像帶式的觀察大量復為一，首先是構成的難度。所以要『九朽一罷』，所以要『苦心經營』，這種表現法則，不可能是一個切割式的時空段的再現。它必將全部視覺經驗置于一個圖式，必然是大量綜合式的抽樣圖示，所以畫稱圖，包含圖式，圖示性中國畫，即具有這綜合圖示性，所以不是風景，是胸中丘壑，即主化了的境觀，學稱意境。他是再造方式而不是再現。

二十五

所以將平面的置陳推到了平行世界的高度。這種在紙平面上置陳觀得之美，求得畫面的均稱，守衡，要求藝術家情理共奮，美感率直釋放都要進八一種極至狀態，始謂創作，始成境界。

二十六

這種直覺理性創造圖，包含增加美的透解引導的題跋、印章和醒目要點，增加平衡均包含其間。是對創造者美的潛能感觀的擠兌，要求作者既有天賦，又有經驗，更需以美的激奮達到極點，且又常常放逐『理性』。

二十七

標準只有一個，最佳經營，表現最佳之美感力度。所以我說：中國畫的美是『最佳數布，引起的最佳感受』。

二十八

這種最佳表現的是一種審美理想，所以最佳是永無止境的，但于畫面，又是存在一種客觀畫法標準。我提出的『九宮數對法』便是這一種畫法標準的理性分析（見拙著《中國繪畫對偶範疇論》或《中國繪畫六法生態論》）

二十九

所以，中國繪畫理論有咫尺論千里之說。不僅說了紙平面圖當表示千里，更對畫家提出的是全部美觀的能透力見于咫尺之間，實在是要求畢陳一生之經驗、天稟、教養矣！

三十

結果這種定點與不定點的觀察方法產生的結果便不言而喻。定點是單一時空相的再現，不定點則是復合時空相的創造，前者是空間，時間的切平面，后者是平面上時間與空間的主客共化后的復合相。

辩证象

三十一

散散點點的星星構成了巨大的守恆的星空平面，苦心經營的點點散散追求出巨空間的守稱、守衡。

画便与天人共合

三十二

中國繪畫藝術這種所謂『不科學』的優越畢陳于此。因其畫面觀是綜合心理審美觀，色不分冷暖，墨不是明暗，筆不從屬造型，黑不是黑，點綫而稱為筆，型則是形。于機械科學因果論者觀之，則真是不科學到了家，老文墨則不無自傲地稱『墨戲』，真是不知科學為何物而洋洋自得欺人到了家的藝術心態。

然而，我為其唱永恆的頌歌。

中西于此分岐，亦从此交流，各作各用，异作互用，……。

三十三

復雜在于水墨與筆均參與于這種最佳置陳追求，宣紙也成為幫凶，宣紙毫不消極地運動水墨，激越心態，啟動靈感、點綫，黑層，更是不守一切客體羈束，在畫家情感的脈動中放肆跳躍，毫無規格地變生形象，于是物景、物形、心理、情意、觀念、經驗，如若星奔運動，且美其名曰：解衣盤礴。

写意由此而升华

三十四

整個創造過程等于放肆地嘲笑科學，愚弄理性，放逐觀念。所謂作畫求形似，見于兒童鄰，無法之法為上乘之法，惡墨萬點，筆筆求所以，鑿孔注胡須，畫理便應有盡有，狀似昏話確句句真理。藝術，于中華。

展开。这才是属于心的艺术

三十五

這里將主客體合二為一，將科學與激情一分為二。本質上不存在客體形象為依據的理性造型觀念，但又不是主觀隨意鋪展，中國繪畫有其嚴肅的追求，學理與嚴格的本體理念邏輯和苛求于天才的艱難訓練。

我說：誰低估了中國繪畫藝術的高度，誰就是跌落在跳高架下為榮的低能兒。

心理学永远求为美学的支持，创作的依据

艺术的核心 绘画的内构……。

三十六

我的透視學老師是真璞率性的施世珍先生。他不僅給了我們全部西方透視學的知識，并為我們開啟了洞觀中國視覺方式的法門。我真摯地懷念他，祝他安息。

三十七

中國圖畫的審美標準論，我稱鑒賞論。在古典藝術綱領『六法』中是：氣韵生動；創作論是：傳移模寫。繪畫的生機是氣，創作階段歸于寫。

氣是寫的內在動力，寫是氣的外化形態。無氣無寫，無寫無韵，精神與畫法所化合，就造氣象，有（一）雄渾博大，（二）風流瀟灑，（三）清秀婉約，（四）飄逸儒雅，（五）富麗濃妍，（六）慌誕怪僻。此氣也亦寫法，故稱風格。

三十八

氣寫合一，渾然縱放而有韵律，隨情而放，隨意而收，情意自治若行雲流水，升降界止，洋洋灑灑而成情海藝天，此謂圖畫之內真外象，意境自立。

三十九

所謂外象便是山川江河化成筆墨形迹中的動止形態，所謂內真便是寫迹形意中的氣度：氣者，天地自然之正氣，人心悲歡內的真氣，天稟自然所賦之元氣，圖畫詞章，修養自成的儒雅文氣。

四十

人問何謂圖畫，當答筆情、墨趣、紙味、水渗，綜合人賦而出之意境。中國象形文化之意識流，是中華民族文化熵流里永不沉沒的航船。

四十一

點皴涂抹歸于造型，水墨之渗歸于類象，這不同藝術傳統的形象論。中國繪畫沒有本質上的造型論，所以它是象形觀念的非造型，非理性的藝術流派。

四十二

中國繪畫因之形象繁多，僅筆而論，便有點、綫、墨三大系統。

點有中實圓點，中虛空心蹼點；梅花點，鼠足點，胡椒點，大米點，小米點，吳道子點，小心點，芝麻點，拖泥帶水點，苔點，綫有十八描及各色皴法。直綫屬于幾何理性界劃畫用之，曲綫速度隸屬情感，轉折因乎形象，濃淡出乎視覺，粗細隨于提按，捻轉逆順，臥伏因其搶峰，不善搶鋒其筆不靈；黑法分墨層，墨類，墨層見于干濕濃淡，層類寄予焦，積，破，潑，宿，雜。

四十三

綫點，中國圖畫最特殊的語言。點有時用于象形，有時見于形意，有時偏于情感宣泄，有時全然是感覺需要；即有便完美，無便缺失，界于構成平衡與心理感覺。幾乎一切塊面結構都可以是點之擴大，置陳布局意義上講，一切有形形象中都含着點的質量涵義。這是點在平衡面中的內在意義。

綫的內象亦由點的內象派生。

點綫的自身美學價值，決定着點綫的抽象、具象值。

四十四

綫點與墨作用不同，點綫展開的是書法系統為其主要審美價值；墨則不僅賦點綫以可視性形象，并且包含着使這一黑色成為『墨』這一概念的根本原理，沒有墨這個概念便沒有水墨形態，所以它既是形而下之器，又是形而上之道。

所以綫點屬于動態，屬陽，屬氣；墨屬靜態，屬陰，屬理。

四十五

我提出現代中國水墨繪畫點綫內結構研究，美性思維是形成墨觀念研究為中國繪畫進入這個時代的學理之基礎。

四十六

綫的內結構，主要見于筆力學觀，即筆的靜態力；提與按形成點綫的內象分析，動態力則有速度，轉折，組合，曲直弧的構成性格等等。其實是墨色由以上動靜關系產生的流水狀及因此產生的微觀濃淡關系在點綫內部的識辨。

四十七

我有『脊劍圓柱古人留，留于后人寫歡愁』的題跋。這便是因研究點綫內水墨微量規律發出的感嘆。

所謂劍脊、圓柱是筆含水墨量不同產生的兩極，我稱中心黑，即中心區墨含量高的點為『濕墨圓點』；反之則為空心點，空心點則是在筆的運動中筆尖首先失水墨而成。兩點為筆內含水微量變化于點的兩極表現，延伸則『劍脊與圓柱』。

四十八

劍脊綫便近飛白，綫中間見一白脊，圓柱則相反，透光可見一黑影。前者黄賓虹先生首論，后者吕風子先生妙識。

須知，這是很重要的筆法

四十九

在點綫内結構研究中，我提出了筆力及筆感之對應概念。這是作點綫的一個高度與境界，古人：汪之瑞，吕半隱，八大山人為個中妙手。近代如四川陳子莊，浙江黄賓虹，潘天壽，湖南齊白石，江蘇劉海粟及李可染先生，均有意無意達到這一境界。現世江蘇畫家因我口授身教及理論影響，有所發展，但大都俗化而不知其審美高度之價值。得之太易，失之于輕。

知其善者不知，知其善而不知其善者不何物何同俗同偶

五十

不講筆感，筆力，不懂用筆的内部微量制控，談不上懂得中國畫用筆，也在根本上不可能深入中國畫玄奥之區，說出中國畫等于『〇』不足為奇談。

一個畫家沒有技術觀，便是沒有藝術感覺之表現。

而筆力筆感都寓于運積濃淡之中

必有謀介氣和相机

空忙皆居多！

五十一

筆之質性把握，墨之量性思辨，構成的均衡直覺（見拙著《中國繪畫對偶範疇論》、《九宫數對》）理論，是近世中國繪畫基礎理論之發凡。沒有技術，哪來繪思之藝術追賦。畫家一生將是空忙。

五十二

由此可見到，中國繪畫的傳統傾向，是重質輕量，簡筆為甚，齊白石先生筆墨同簡，即雖進入質量制控高區，是中國傳統型繪畫進入高度，也進入極境，式微型繪畫。基礎理論研究之作用，在于認識這歷史的必然王國，而主動地進入高質高量的自由王國。近世始作俑者為李可染，傅抱石，可惜均誤入高量而未保持傳統之高質，李先生量重而至『板、刻、結』（見《石壺先生畫語錄》），傅抱石先生『有墨無筆，水色尚可』（秦古柳先生評語）。

可見守新之難，說之容易

五十三

出現種種因墨損質，即以墨掩筆或因質換（渙）量，即以筆損墨，都是技術觀之落后阻障藝術感覺之發揮，于技術也入魔入偏，這也是歷史之局限，這種局限今天主要表現為理論研究中，缺乏本體理論的探索，即表現為思維科學的時代局限。

抄洋畫，說洋話，崇洋說，做洋奴……。

五十四

今天思維科學已得長足進展，實驗心理學，分析心理學為核心的研究，給美學以極大促進。神經，腦生理及細胞膜電位學說已成普及。畫面質量度關系的研究已可成為新理論的支撐。

但是本體理論研究是促進藝術創造的基礎，中國繪畫學研究應當進入真正意義上教育學確立階段，否則，這古典精耕型傳統藝術便無法進入現代世界。

這種研究是一切文化轉型的基本。

来日：這是来日方长，试看克支手段！

五十五

以筆與墨研究的深化，這一對古典藝術範疇才能進入更新型實研，才能在傳統的三維理性進入四維理性之認識，才能產生今天藝術哲學之飛躍。

今天的理論界爭論不休的是功能論，形態論，及社會學倫理理性，缺少基本的本體理論，本體理論是實用理性，沒有實用理性的發展，一切理性便是無源之水。

实践受人知之制约，又促升华人智

五十六

沒有美性思維，便沒有水墨畫。墨將永遠只是一個黑色概念或材料學概念，墨成為中國水墨藝術之主概念。便是這中國思維于藝術世界的自然結晶。

美性思维近似于今世之和谐共鸣后知，或者和谐本身！

五十七

墨，猶似天宇中的『黑洞』。他吸收一切，產生無限界之密度使一切理性為之失恆。解剖這『墨概念』因之也成為美性思維的闡述。

阐述学便是反省思维，是一物之近世[illegible]解读

五十八

今天的實驗水墨，有墨層形的，墨型形的，有墨象形的，還有墨物形的，大多缺少走出墨的認識理念，所以，只能在必然王國里掙扎而無古典藝術與現代藝術的兩極自由，更沒有西方繪畫傳統的科學理性，也沒有中國繪畫傳統的辨證理性。

即美性思维之自由特性，之作活律

五十九

實驗水墨是東西方繪畫傳統的私生兒，但是還沒有在藝術世界中報上合法戶口，但應當給其『綠卡』。

绿卡，便是准许性

+

六十

所謂美性思維，它相對偶于理性抽象邏輯思維，它是人類意識發展史在農耕型文化區域的一個特殊思維流派系統，我們亦稱它為辯證象形理性思維。

六十一

人類意識發展史歷時三百萬年有余，并且還有相當于三十余萬年的前發展史，而具有心映心理的動物世界又無比豐富，但是萬源歸類，引成今天東西方兩大文化體系。體系的文化，自然源于體系的思維。

六十二

由文字而鑒類，世界上有拼音文字為思維工具的純理性系統與象形文字為思維工具的非純理性系統，即美性思維系統。

六十三

意識發展均有：刺激反應、感覺、知覺、表象到概念反性思維便是在處理表象到理性世界時產生其特殊方式。

六十四

心理學界普遍認為表存是腦生理發展到能保留事物印象的階段。由于精耕型農業所需之視感世界不同于以聲音為信號進行聯絡組合勞動的抽象性格，它的思維在表象的分析，綜合，歸類，即比較與組合中升化。象形文字便是由此而創造，此文字的創造過程也便是美性思維發展成熟的過程。

六十五

美性思維保留視覺表象并將其造成形象進行思維。即用象形賦義、指示、形聲的法則歸綜出一個平行于客體世界的思維領域。我們稱此為象形文化。它將世界象化，分出乾、坤，而定陽陰，乾坤是象的同義組合，所以乾天父，坤地母為綱的綜合歸類群，成系統，而后定陰陽，即有表象進入性質，所謂陽剛陰柔，而可得中醫藥理的輕清為氣，生濁為味這種比較高級的抽象理性。

六十六

美性思維大量使用表象組合相似法則解讀世界，即面對客觀表象世界，腦生理活動以記憶，共鳴，和諧美感等高級性理活動發展思維即認知、并且得象忘形，得形求義，由世界本質上的表理同一性，相似性，對比性等性格，便使表象視直覺的深度，廣度視野存在可能進入理性獲知，象形文字也便是這種表象信息深化確定的符號化思考成果。美性思維保持大量視覺美感而成為這種思維之特殊性。這適與拼音文字相反,拼音文字幾乎沒有視覺形象,拼音字母作聽覺元素被抽象,自然也表現了這文字創造者腦神經生理與意識發展的高度與特征。對聲音的理性分析抽象也成了這種思維理性深度與高度的表現。

六十七

于是,美感一直緊緊地由客入主地影響着這一思維流派,制控其發展,產生出種種與此有關的文化。水墨藝術成其標圖。

形而上學為道,下之為器。

六十八

西方光學認為色是某一物質的光反映特征,諸色反映便成為光即白,諸色吸收便無光,即復合為黑色。由於美性思維的大表象復全合歸類而成。所以黑色便成為思維主體的必然心理積澱在腦生理中的紐結。水墨藝術便是這種思維的生理心理美性透析。

心理學;科成的內在合理機制

六十九

西方用黑色為主發展素描,表現了物理光學明暗概念的科學性,故而出三面五調。而東方以黑色表現大觀察量超時空的明暗即光色的心理印記,墨便是這明暗的心理積澱的具有特殊美學性格的藝術概念。他便不同于科學的黑色又同于黑色成立的科學原理之內在合理性。水墨畫擺脫物理因果性而進入心理範疇便是其超前性的歷史基因。說:中國水墨畫是墨鏡中的世界便是不懂這水墨成因ABC的『聰明話』。

中國水墨畫是具有超前內在特征的流派藝術。

黑分東西,西方物理光學科科
東方心理會意印記,墨畫由此而生。

七十

『書畫同源』便是中國文字與繪畫同一性的直覺理性即美性界定理論。這里的書便是成形文字『六書』之謂,象形文字之關鍵便是象形,象,便是表象,形便是以象而揆度象外之一切知感覺識。便是以象類物賦義。文字庶平成也。象是因,形是果,象是諸客覺,形是由諸客入主覺感悟,所以這象形法便『舍表及理』『得魚忘筌』之邏輯主動法。舍表及理,立象取形,以形賦聲,以聲傳情寄義,思維成也。水黑則合大量象歸類賦彩,諸彩者,墨也。所謂同源便是此思維對原象的和諧美感的保留性之格,所以文字與畫都是象形文化,美性思維之因果規律。

書畫同源,源者覺知也,象义也。由墨而上而通

由墨而下而器。

七十一

美性思維工具是象形文字，理性思維是拼音文字，目今中西文化對峙，藝術哲學分歧，現代傳統不相兑換，東西傳統為根本的繪畫平行發展，事出此因。思維形态之歧源于文化差别，文化差别源于生境生产差歧

七十二

墨理為核心的東方水墨藝術哲學，便是美性思維哲學象形文化哲學，以象形諸物理，由相似，相關，相類，對比，模擬，舉一反三之抽樣推理，集成認知，而以賦，比興，傳，移，模等法則便是這美性思維所舉用之形而上意識系統。是中國農耕生產視覺世界中天人合一，物我共化的必然產物。哲学涵文化之核心，以艺术哲学涵艺术之核心。

七十三

不懂得美性思維便是本質上不懂中國水墨繪畫及象形語言之非理性，非語法，非邏輯的語言性格，語感為契機引領下的語言文字法則。畫與此同源合一即見于非造型性，非色彩性（墨性），非透視性。即主悟性而悖科性所在

七十四

每寫篇文章，作張圖畫，都必須是一次語言的再生創造，靈感的噴涌。以中國的詩歌為典楷。從自我进入主客之辩证法。

語言，文字，圖画同一，故同源共理耶

七十五

美性思維是我圖畫故我思考的確證。

是我思考故我創造的確證。

是我頂禮膜拜中國水墨藝術殿堂間的敬奉。識，创灵，通为悟。

七十六

美性思維以視覺統諸覺，以覺求悟，以悟統諸感性直求知認，根源于農耕生產對天文、地理、生長的俯仰觀察，他是人生寄生于天地的統合心理意識的升華。它源于種植生活的實用理性，推動為感覺表象經驗理性進入辯證邏輯理性，是人類文化中最獨特的思維系統，所以它的思維工具文字也是最具創造力的腦生理產物，表達出异于一切藝術的形而上特性。半衡于理性思維，中西对偶系统存在之主幹根。

七十七

中國水墨畫是形而上藝術流派。到文人畫的出現，水墨為上自然確立，便也表現出了這藝術的成熟真知。水墨为上者，悟象確证之所以悟处。

七十八

墨者大地黃土烘托出的火種灰燼，經人心美感的熔煉，取造出的國寶。墨是物質，墨是精神，墨是文化，墨是藝術，墨是東方意識歷史天空中的墨洞，它將吸收一切，緊縮一切，成為藝術宇宙中密度最高的天體。

七十九

當墨洞爆發逆轉，白洞于是成也，可以預見白洞是一切時光的逆運，那時的光怪離陸，將震撼天地鬼神，榮耀世界人類。

八十

美性思維是中國智人腦生理的特定區域文化結晶，但也是一切純理性，即不保留原象性美的思維缺陷的廣面補足。純理性思維屬陽，美性思維屬陰。所以中國繪畫本質上是負性藝術的產物。是負性（即陰性）美術體系。中國美術拒絕一切理性機械因果制控，它本質上屬于現代統計學大數定律的圖標性藝術：它不是世界的本體，是世界的抽樣，是象的抽象。

八十一

水墨，便是這諸形，諸色，諸象的大綜合，大統一中形成，是東方智人腦生理形成發展的高度意識反映。

八十二

筆與紙，便是這墨的不可分割的組合體，是東方美妙智慧的結晶性產物。說：筆墨等于『〇』，便等于說東方智慧等于『〇』，這是智商等于『〇』的表述，起碼近乎『〇』。并且多少帶一些藝術法西斯的成份。

而所謂的現代藝術運動中（主要指八五美術運動）這種法西斯主義是其普遍特性。是一種不民主思維的必然性產物，也可以說表現了特定區域文化的局囿性。

八十三

今天的文化由（一）西方現代文化，（二）東方傳統文化，（三）當代兩黨文化，兩黨文化，發生在東西文化交流巨變時期，由五四運動為激烈點。一點兩動，而成現代格局。

八十四

在中國本質地講：由封建主義根源文化，社會主義理想文化，資本主義實用文化，誰能舉起這三棱鏡，指向太陽，誰便可放射出眩目光彩。

封建主义主要是指儒学之流脉，社资合一为西方文化之脉流

八十五

東方文化，西方文化，由一八四〇年進入全人類對峙性交流，也就是理性現代文化與美性傳統文化進入對行對峙性交流時，這種交流由于強弱，剛柔，情理，攻守，動靜行止等各文化性反差，形成二元漩渦形流變，漩流上為現世狀文化，漩流中為混合懸動文化，漩流下為沉澱歷史文化，并且這漩渦又不停地上下攪變。

中國的藝術便在這動態中升降行止。藝術家理論家立根不穩，漩昏了頭，便會渾畫昏話百出。吳冠中老先生自持崇高的藝術及理論屬于什么形態，恐怕無須再要我詳說。捫心自問較好。

鏡鑑耶

八十六

總述：認識法則不同，其結論自异。

素描是墨色(單色)，水墨畫是黑色(表象看亦是單色)。

但此色不是彼色。

素描是純理性思維之產物，是以物理光學分析光的有序表達，所謂三大面五調子，是光，是同一時空光的存在再現。；水墨則不然，是墨不是單一黑色，它是美性思維，它包含多度維性，是光的心理效應純美感無序置陳，所謂墨分五色是也。

美性与理性之分歧 物理与心理之别

这是水墨的中国性与黑色之不同点的理论本特性

八十七

透視，是平行綫空間效應，是視覺之空間局限，是理性思維，是物理光學原理。三遠，是視覺都是視覺心理學效應，但后者屬于美性思維之大數觀察上的概率性確定，包含着美感，即美感不分離的心理美學個性，敬之，壯之，平舒之情。

八十八

同樣一張紙，(一塊布)都是平面，西方傳統繪畫求其時空空間，指承平面是可逆的，東方傳統則承認其為平面繪畫，其上位置經營而已，極求其和諧，平衡之美，故曰：苦心經營，因為這和諧、平衡之守稱特性，正是宇宙之特性，故結果是位置天地相類，產生東西方繪畫，切空間與巨空間本質差別。

即观念不同即带着行为本质不同

不能见黑色便谬称水墨

八十九

景自然不同于境。前者從屬自然本貌，后者合天人本真。

一枝竹子，景分早時中晚不同，或嫩綠，或翠綠，或深綠，景也；墨法則早時中晚于一，秋夏春冬于一，天地萬物于一，故境界自出，賦情移貌，模寫本真為境。

山水畫之所以成為意境之博大界，磅礴天。原理上。

九十

知境界則處處在意，筆墨，章法，無不融洽其間，故蘇軾論吳道子用筆：道子實雄放，浩浩海波翻滚，當其下手風雨快哉，筆所未到氣已吞。笪重光則說：人只知直劃之力，不知游絲之動，堅利多鋒。

九十一

故用量講惜墨如金，潑墨如水，用筆則首重搶鋒，不知水墨之潑惜，意氣何在，不知搶鋒之所以，靈變何在。無靈變，韻味自無，百病為生。

九十二

筆墨互根，猶萬物之負陰搶陽，千回百轉，無墨則殆吞吐收斂，無筆則濫，意氣在先，龍變蛇蛻，故千筆萬筆一筆而已，墨層層叠叠，積、沖、破、全求一個氣氛，畫無氣則枯骨死灰。

九十三

以筆制墨，質自其在，以墨制筆，潑灑丘壑，量自展開，以質制量，易見質而約量，以量制質，易見量而約質高質高量，才是中國繪畫基因之優質所在。

今天中國之繪畫，必須在質、量、度的自覺制控之中度見于構成，即平衡，相稱的絕對把握之中。

水墨繪畫質、量、度的關鍵是美感。

九十四

水為中界，度在其中，無水則無度。故用水為上。

山脈為龍，沙護其身，水助其行，古風水之理。

綫為龍，墨為沙，遇水則界。山水畫者，中國文化之龍脈所在也。

九十五

集天之大象，地之脈理。心寄意栖，作逍遥之游，鯤鵬之翼為筆，出一切世俗視歡，人世功利，若詩人狂歌，墨客騷情，軍旅奔動，心之解放，情之無度，理之放逐而為畫者，此為東方美學獨特之心胸論爾。

九十六

圖畫，小技，微之，彌之，玄之，妙之，其形出廣宇成奧詣，流時史，象形文化之內脈源源其間。時亂色迷，天隨畫滅。其百年一變，一代數度，上及天理，中及人禮，下通幽冥，中間宏詳，關乎廟堂興衰，不可不察矣。

九十七

五八年之梁大娘農民畫濫殤，文革末宣傳畫之泛化，今天水墨畫之漫天蓋地，墨絕紙畫之勢，豈是無端來去。

三十年代中國畫之不科學，革『王畫』之命，中國畫衰敗甚矣之論，非畫論也，乃文化之論矣！四九年后，中國畫爭論鵲起，取消中國畫之囂囂中長安畫派，江蘇畫派應時而起，非畫派之起，建國初之新興文化之必由也，今天中國畫之末日，中國畫等于『〇』云云，即末日『〇』說，自必不囿于繪畫自體運行……

九十八

畫家，豈能屬于市井瑣小，名利俗癖間，專家以體而生，名家出體而市，大家建體而動，大師、國手自是與文同運，悲憤絕呼，與國同休戚耶！

九十九

當我由美性論的辯證中看到了中國文化本源上的繪畫屬性時，我對中國圖畫的信心，作為一個摯業者，已可無限度地展布，然而，對于我們的文化則不勝惶惶然起來。

一百

千年古柏能與百年榕樹互變么？我就問于基因研究的專家。

我祈求，中西文化對行對峙的世界是一個人類理智創建的福祉的空間，而不是一個對接的平面，我渴望這平行綫在這空間中相交。繪畫在交點中消失時，希望那個焦點便是『福祉』。

董欣宾能诗知医，画亦不错，他日未可量也。

董欣宾的画思路活泼，很有个性，字写得很有味道，诗、书、画、印能熔为一体。

我看过你的毕业画展，古穆刚劲，气势不凡，印象甚深。

画弟子董欣宾，幼嗜丹青，颖悟勤奋。从予登黄山、观云海、览东去大江、同画群峰巍列，瀑笑泉飞，花树扶疏，诗帆出没，致力于化古为新。所作运线遒挺，有北碑风采；浓墨透光、淡墨生泽，情韵脱俗。近岁潜心著书，其学猛晋，今出国展其代表作，乃欣然为之作序，并寄以厚望焉。

——刘海粟

他（董欣宾）的画内蕴很深，画风泼辣自如，大江南北无出其右，二十年后横行天下必为此子……

——何海霞

使我最为震惊的是他那高超的理论概括能力和运用现代科学研究成果的睿智。我不能断言他在这方面的论断都是真理，但是他使中国画的研究科学化、现代化。这在中国艺术史的研究方面是一项重大的突破和质的飞跃。

——索菲

董欣宾先生是“新文人画”的奠基人，在我眼里，他也是一个当代艺术家……

董欣宾先生一生涉猎广泛，他在理论、作品乃至地方经济方面都有所涉及，我们把董先生仅仅作为一个画家来讨论，会忽略他给这个时代的很多启示，但全面论述董先生，又是本篇小序力不能及的，或者，我是从他强烈的入世精神和当代“人”的意义上，来看董先生作品的。其实，中国传统文人画，正是文人在反对院体画中确立起自己艺术观念的，文人一生大多想建功立业，但理想和现实的冲突，使他们苦闷和无奈，寄情于艺术，在乎的是抒发心中之“块垒”，所以历代文人强调“功夫在诗外”。当然，不是所有的诗外功夫都能成诗或者成好诗，在人生感慨与表达之间，才是艺术之功夫。

董先生一生愤世嫉俗，心高气傲，眼光锐利而性情耿直，使他的画多为人生感慨而少为应酬更不为钱创作……

董先生的这些松树，造型突破传统文人画模式的挺拔，着重于扭曲和抗争力量的对比，可以看作董先生人生处境的自喻。尤其是线的表现力，是他单独抽取出的因素，这对后来新文人画的发展，造成深刻的影响。

——栗宪庭

近日在南京看到了董欣宾的彩墨画新作，这套画是董欣宾近些年一直探索如何将色彩因素转化为水墨因素的结晶，表面上看，这些作品似乎与20世纪以来，林风眠、刘海粟等人的探索并无区别。但仔细看会发现董欣宾将西方油画的色彩、色调、色阶等元素自然地转化为传统中国画的墨分五色的效果，层次微妙而又分明。更有价值的是，他将传统的用笔——皴、擦、点、划与色彩颜料浑然相溶。"笔墨"变成了"笔色"，即用传统文人画的用笔去"写"色。当然他的探索包括他如何自制颜料等过程，并非三言两语可以说清，不过"运笔写色"则无疑是董欣宾创作方法论上的突破。多少年来，中国画家始终尝试将中国的笔墨构图看作中国传统审美意境的要素，西方的色彩则是再现性要素，那么"中西合璧"即是这两者的相加。而董欣宾则看到了二者互相转化的而非相加的可能性，他将色转化为墨，并与用笔相统一，于是色不仅仅为景的再现性服务，同时更重要的是为用笔的表现性服务。这就为色彩的运用增加了极大的困难度，因为画家不能仅凭对景观察或对景的印象去再现性地成片晕染，而必须还得将色"随机性"地皴、擦到宣纸上，即同时照顾到色彩的视觉效果和笔法的偶然性效果。难怪董欣宾花了多年时间去探索，而我将他的探索描述为"运笔写色"的方法论的发现，恐怕董欣宾不会同意他的画是像轻轻地翻过一页纸那样的观念绘画，他会认为他的画是对传统的再发展，用他的话说"是跳高冠军，而不是撑竿跳冠军"。

——高名潞

董欣宾绘画构成的心理属性是"冷抽象、热表现"，这也是他自己的总结。所谓"冷抽象"，便是他关于章法的"最佳数布论"；所谓"热表现"，便是他的"最佳感受"之追求。高质高量与冷抽象、热表现，构成了中西交融的时代性高度上的竞技竞智，也构成了董欣宾画风的至高难度和独特面貌。因而强调传统者，难得其能传度；强调创新者，难得其独到处。加之他通过《中国绘画对偶范畴论》、《中国绘画六法生态论》、《太阳的魔语——人类文化生态学导论》等系列著作，从现代科学、哲学高度对传统画论进行的全面剖析，结束了前辈大师那种凭感情、经验、直觉而言实践的时代，在理论上做出了卓著贡献，他终于统领了一代风气。

董欣宾的绘画是自觉的，又是自然而然的，它具有极大的包容性，它是深厚的传统和高度的超前意识的结合，是冷静的理论分析和直觉的情感抒发的结合，是古今中外积淀基础上的突破与开拓、创造与发展，是中国传统绘画现代性变革成熟的标志，是当代中国画最具涵盖力的成功范式。

董欣宾的绘画理论研究概括起来有两大特色，第一是对旧范畴的诠释和新范畴的创用，赋予中国古代画论以现代科学语言，有利于中国画的学科化、现代化和世界化；第二是对学科建设的构想，既充分发挥了中国画的本质特征，又充分吸收了西方式教育体系的优越。这两大特色将直接促进中国画走向世界。

——郑奇

老董是当代中国画坛最棒的画家，他是他的同代人中最杰出的，他受到了许多不公正的对待，也受到了不应有的压制，——然而，时间将会证明，用北岛的名言说，“高贵是高贵者的墓志铭，卑鄙是卑鄙者的通行证”。老董的才华体现在各个方面，他是画家，是理论家，还是思想超前的先行者，他的消失只能说天妒英才。天妒英才啊！

——李小山

愤世嫉俗这四个字只能代表他个性的某一部分，也仅仅是世人嘴里的董欣宾。在我的理解中，董老师一生刚强好胜，宁折不弯，极度自信和满怀激情都是他最为美好的品质，就像他画的松树一样，中锋用笔，力透纸背方能酣畅淋漓。

——顾维洁

面对近年来国内美术新潮中涌现出来的五花八门的现代派中国画，欣宾的画似乎是显得保守、传统的。然而就我所了解的那些画家群，作为画家本人，无论在知识、思想、气质各方面，欣宾的“现代精神”都不比他们逊色而甚有过之。所以问题不在于画的表面形式上的新与旧，而在于如何对中国画的本质特征和文化背景有深刻而独到的理解，以及画本身好不好，画中有没有一种成熟的、高品质的内在自我。

欣宾的画，从画面上讲是以意境为上，或静逸潇洒，或激情澎湃，这正是传统的中国文人画寄情遣兴的艺术宗旨与特点，但欣宾在其中注入了他作为现代人的思想情感、他个人的文化修养和审美选择。

——朱旭初

欣宾先生以那具有功力的线的挥洒，引发了人们对南派山水的关注，从而引导了人们重新审视传统。他以回归传统的方式，在那个特定的时代内鹤立鸡群，在青年画家中产生了重要的影响，而这一影响几乎关系到20世纪中期之后国画的整体风尚和格局。可以说，现在稍有影响的中年实力派画家在那个时期都直接或间接地受到他的影响，而后来国内画坛上兴起的〝新文入画〞潮流也可导源于他在20世纪80年代初期的影响。这就是我当年在南艺读书时看到的一个美术史的事实，而这一切也可以从美术史文本和图像的两个方面得到印证。

欣宾先生是一位具有个性的画家。他的一些优点是许多同时代的画家所没有的，而他的一些缺点则是许多画家都有的。对于这样一位富有争议的人物，实际上争论的焦点是他那些外露的个性和毫不掩饰的激情，而人们对他的艺术和才华还是表现出难得的尊重。

——陈履生

我从来就认为，董欣宾有着不同寻常的大智慧，并且也因此具备了尘世间无法想象的法力，这种法力使他远远不止是一个画家、诗人、思想家、武术家、医家和星相家。他是一条潜龙，执着地翻飞在凄风苦雨之间；他是一头公牛，奋力地顶撞着世俗的藩篱；他也是一条警犬，忠实地守望着国家和民族的命运；他更是一头雄狮，凶恶地咆哮着世间的腐臭与卑鄙。

——李向民

他的画把一切都照亮了，像太阳一片片地照亮了大海里的蓝色波涛，洪水一点点将土地变为河泽，大雪将天地变成洁白的世界一样。当别人帮着他将画小心地展开时，一个中国人的心灵世界展开在我的眼前，那是自由、秀丽、悲怆、多情、浩瀚、古老、奔放、优美、郁懑、不平、纯洁、惆怅、灿烂的山水大地，一个柔肠百转，英气蓬勃又大放悲声的世界。

——陈丹燕

董欣宾是近代以来在艺术领域对中西文化系统地进行价值判断的最为重要的代表性人物，他认识到文化之源乃是绘画发生发展的根本。

董欣宾与一般学者和画家不同的是，他从世界的角度、站在中国文化的立场，从人类文化、世界文化的高度，来看待中国文化、看待中国画的价值和意义，视域之广阔、胸襟之开阔、自信心之强烈，确乎振聋发聩。

董欣宾对中国文化和世界优秀文化进行梳理，对业已形成的科学观念进行大胆怀疑，已经超出一般画家的思想框架和知识结构。他在思想上经过一系列中西古今的艰难超越，所涉及学科之广，运思之细腻宏伟，在中国绘画理论上是极为罕见的。

——赵启斌

也永恒
樹成
我的
與道路
陽光
很燦爛
時間
很長了
已經
成了我

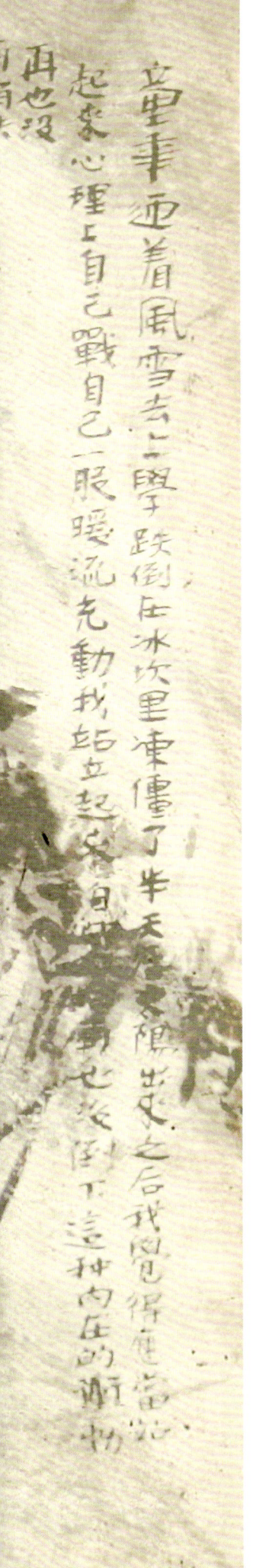

艺术苦旅

童年迎着风雪去上学，跌倒在冰坎里，冻僵了。半天后，太阳出来之后，我觉得应当站起来，心理上自己战胜自己，一股暖流冲动，我站立起来。自此之后再也没倒下。这种内在的冲动再也没有消失，但周围一切似乎也永恒了，构成我的人生世界与道路：阳光很灿烂，但一直寒意如彼。时间很长了，已经成了我很古旧的心境，一个不太能轻易讲完的故事。这故事什么都有，只是没悲伤 。

——董欣宾《上学路上》题记

1939—1979

博采积学

江南风景和地域人文传统无疑为董欣宾最初潜在的审美心理导向奠定了基础。师从张云耕先生则开始了其传统艺术旅途的起点，在书法学习中接受规范、感悟取象、训练表达，而后经张先生的推荐拜入秦古柳先生门下，正式接受中国传统绘画技法的学习，旁涉武术、中医、音乐等，由技进道，在一问一答的思辨训练中切入传统艺术审美的哲学探究。在其早期作品中不难发现，从对生活记忆的具象描绘开始，画面热衷于运用学习到的传统技法来表现自然氛围中纯一性的美，没有过多传统文人画的内心承载和自我意识。而当他在现实的社会生活中经历了身份与阶层改变的种种奋斗与碰撞后，逐步形成的世界观开始影响其创作思维，并以一种激烈的情绪贯注其中，自我的鲜明风格初步呈现，绘画技法趋于丰富和成熟。1979 年考入南京艺术学院，成为刘海粟先生的山水画研究生，开始了其将传统中国画置于时代争论中的崭新创作与思考。

11月23日(农历十月十三)出生于江苏省无锡县张泾乌泥坝黄泥沟村。祖居江阴周庄，清末因避匪乱举家迁居张泾。祖上为满族，外太婆为翁同龢侄女，本为官宦后裔、大户人家，清末中落。其父董相成，其母郁秀娣，虽落为普通家庭，但均秉承祖上重文习礼的家学渊源。董欣宾四岁时便被老师包若蕴抱进村塾，接受人生之启蒙。

张泾地方虽小，历史上却出过南宋抗金贤相李纲，元代大画家倪瓒，明末东林党领袖顾宪成、顾允成兄弟，文化底蕴和历史名人的精神气质陶冶了董欣宾的脾性，既机智锋利、愤世嫉俗，又胸怀天下、忧国忧民，其一生均以"风声雨声读书声，声声入耳；家事国事天下事，事事关心"自我鞭策与激励，其艺术作品多署"无锡张泾人"。

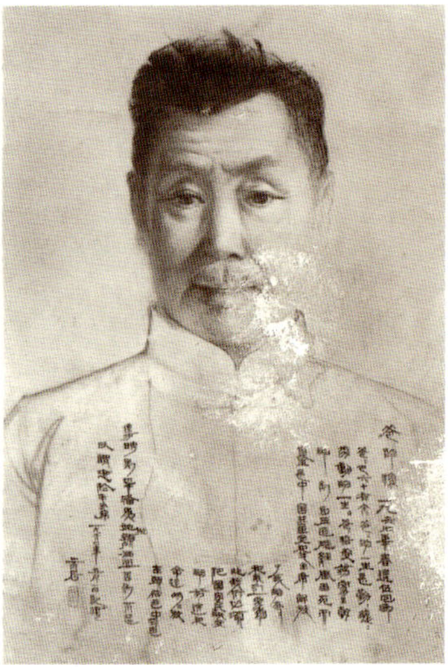

父亲董相成

一九六七年春退伍回乡，爸爸已六十有余，爸爸的一生是勤勤恳恳劳动的一生。爸爸倍受蒋家王朝的剥削压迫，饱经风雨，死而复生，是中国共产党和毛主席解放了我的爸爸和我们一家。为此，我们必须把国家、民族、党的前途和命运时时放在头脑之中，深思远虑，时刻准备为她抛头颅洒血，否则不足以谓忠于毛主席。
一九六七年五月一日记小传。欣兵。

母亲郁秀娣

1992年董欣宾题写家乡"顾宪成纪念馆"匾额 →

憲成紀念館
文明单位
文化中心

8岁时，拜无锡书法家张云耕为师学习书法。

是年，经张云耕先生介绍，拜无锡著名书画家、鉴藏家秦古柳为师，学习传统中国画，身言同教，并济以金石、书法、训诂及音韵常识，开始了学术的启蒙。同时，拜形意名家高童柏为师练习武术，主习齐眉棍、分水刺、吴钩等器械。

拜师时，按照严格的传统风俗挑着鱼肉、青菜等到老师家磕头行礼，秦师问："当画家是要受穷的，你怕不怕？"董欣宾高兴地回答"不怕"。在秦师人品与画格的典范楷模影响下，远离名利、不怕穷困也成为董欣宾一生坚守的艺术态度。

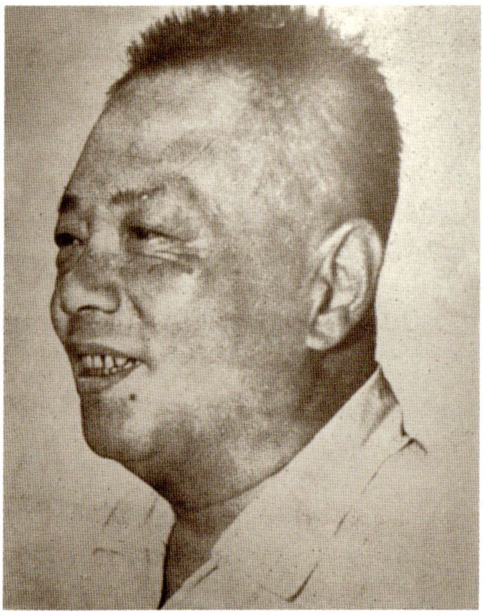

左：青年时代的董欣宾
右：秦古柳先生

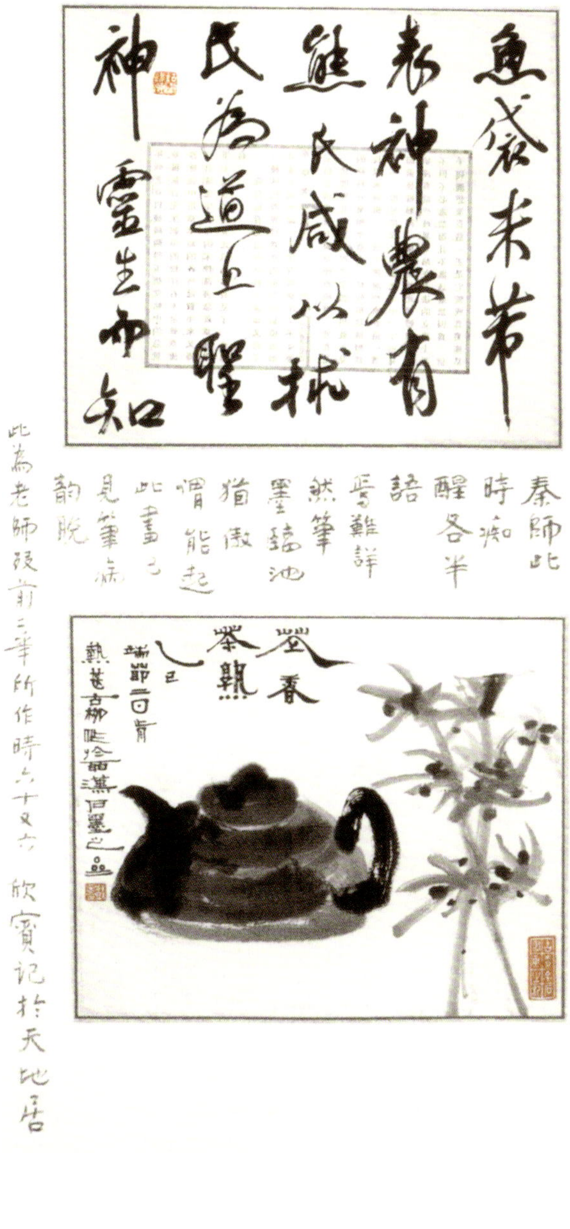

秦古柳(1909—1976)无锡人。曾为江苏省美术家协会会员。曾任无锡市政协常务委员、无锡市文联副主席。

他认为画是写个性、画人格，是真实的自我写照，故特别强调人格、画品，对年轻的董欣宾影响甚巨。其作品风格清脱俊逸、古拙浑厚。并工书法，主张书法入画。所作行草、汉隶，恣肆凝重，清丽古雅，颇具金石气韵。又擅金石，尤精鉴别。平生富藏金石书画、汉砖晋砚、秦汉魏碑版、墓志铭等，故将居室改名为“二百汉碑斋”。

左：**花香茶熟图轴** / 秦古柳

董欣宾题跋：“秦师此时痴醒各半，语焉难详，然笔墨临池犹傲，谓能起，此画已见笔病韵脱。此为老师殁前二年所作，时六十又六。欣宾记于天地居。”

右：**松鹰图轴** / 秦古柳

1957年 丁酉 19岁

考入南京艺术学院附属中等专业美术班，随罗叔子、沈涛学习国画、书法、篆刻，随王纲学习素描，随叶篆录学习水彩等。同学有秦国梁、盖茂生等。

较为全面地接受当时的西式美术教育，通过素描、色彩、速写等基础课程打下了一定的写实造型功底。

自此时起，便养成写日记的习惯，并常在日记中进行绘图练习、书写诗文。

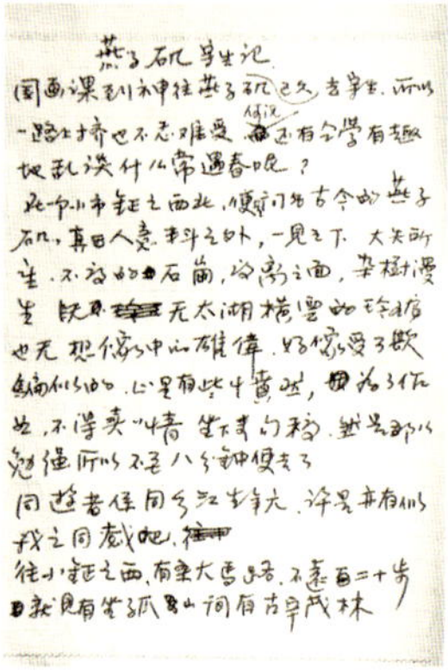

就读南艺附中时所作速写与日记

应征入伍。在济南军区68军期间入党。

在部队期间，一方面不断提高自身的思想素质和文化素养，另一方面仍坚持习画。

1966年，与李一兰结为夫妻。

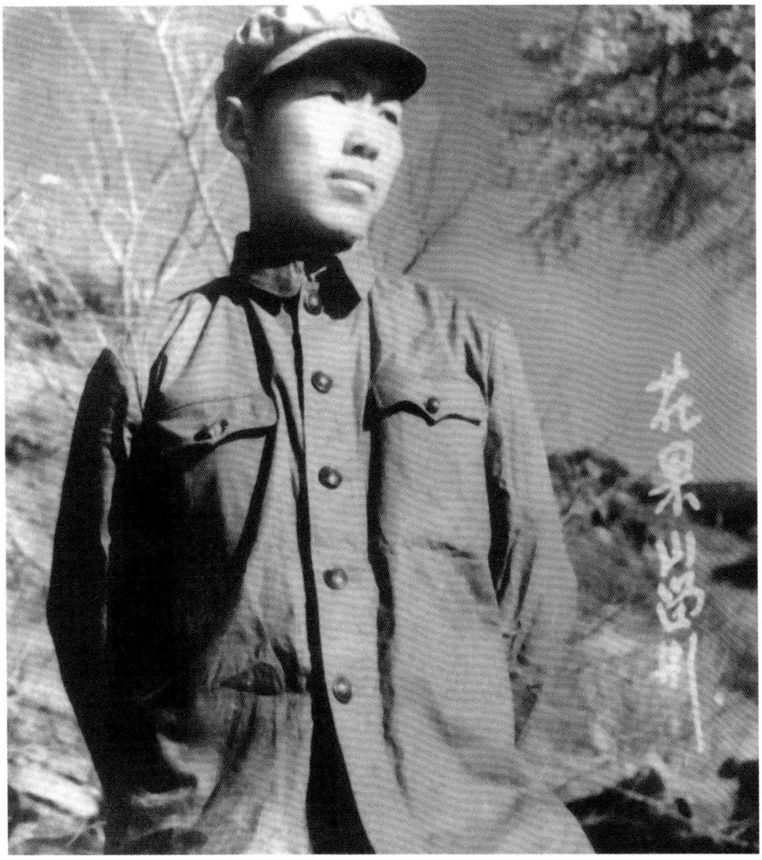

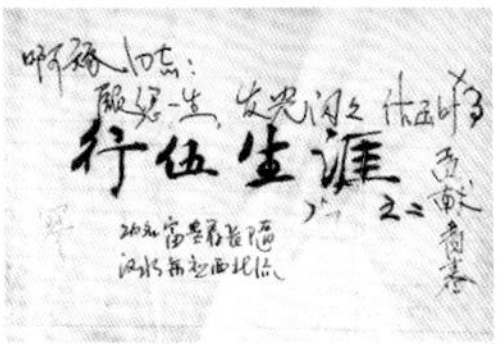

上：花果山留影
下：日记——行伍生涯

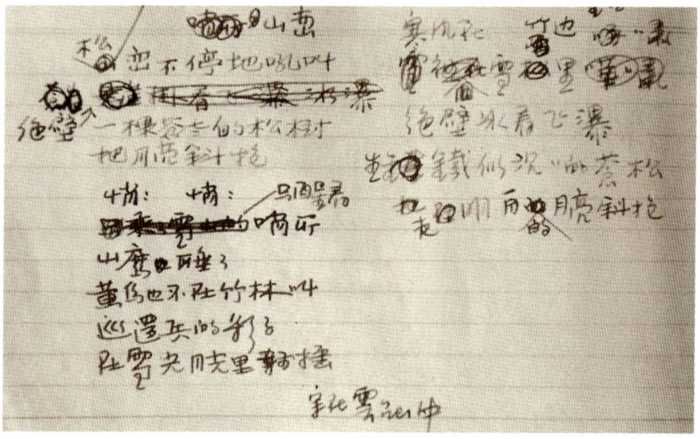

左：　部队生活中不忘作速写练习，并多琢磨诗句。
右上：1967 年，妻子李一兰个人照
右下：1966 年，董欣宾与李一兰结婚照

转业入南京新华印刷厂当印刷工人，负责制版与设计工作。后调入连云港新海印刷厂工作，为商标设计负责人。

同年6月，女儿董厘厘出生。

上：1968年秋，时值30岁的董欣宾（志山战友摄于玄武湖）
下：20世纪70年代，与新海印刷厂工友合影

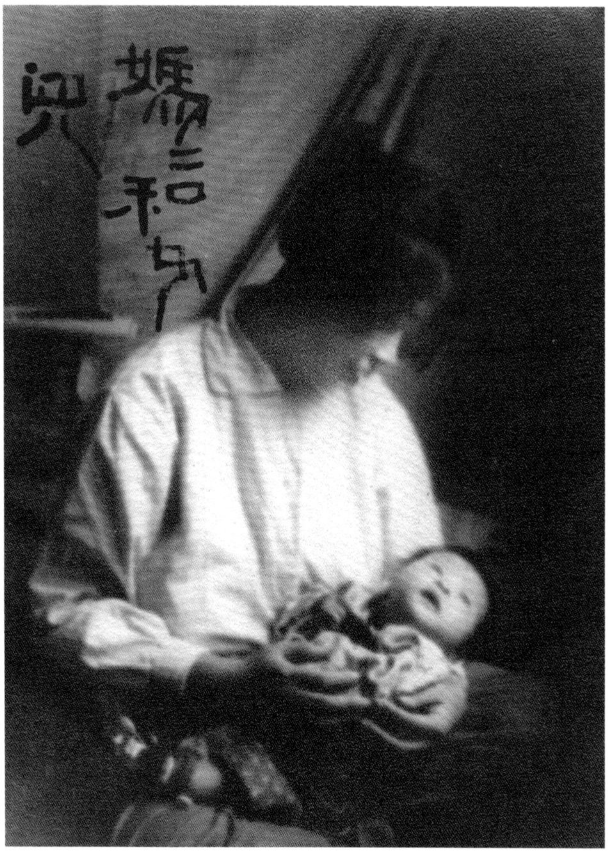

上：李一兰和女儿董厘厘
下：董欣宾和女儿董厘厘

1973年 癸丑 35岁

是年，仍在连云港新海印刷厂工作。

同年，儿子董博出生。

1975年考入连云港市第一人民医院成为中医大夫。在此期间，对传统中医理论进行深入研究与实践。

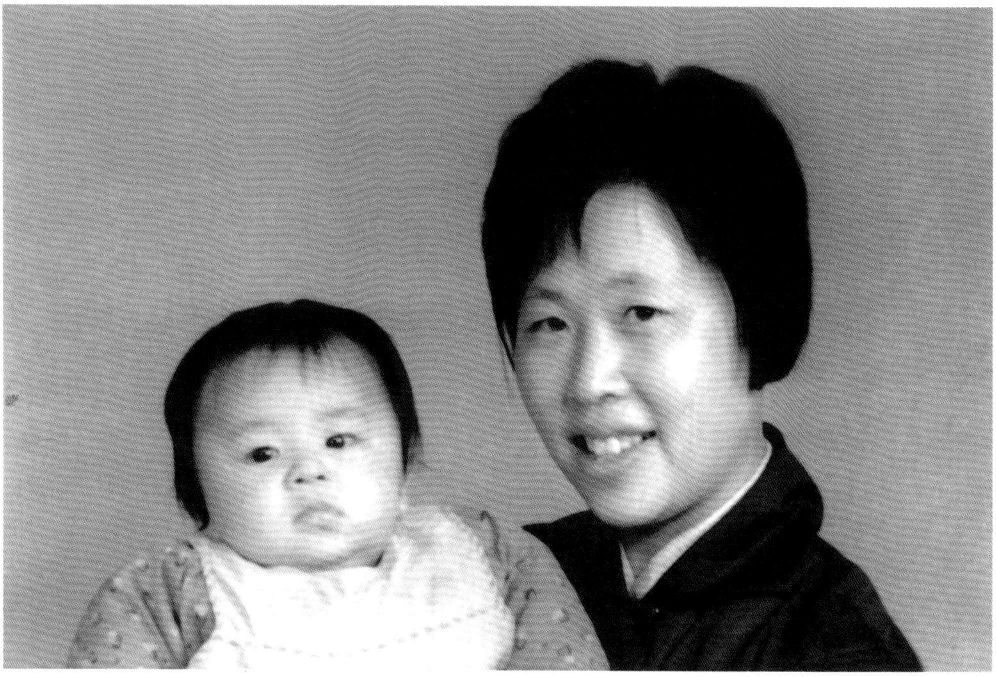

左上：1973年，董欣宾在连云港留影
左下：寄予好友照片，上题“曾有二年深交，一九七０年夏寄意，欣兵题”
右上：李一兰与儿子董博
右下：全家人合影

清明时节，去铁道医学院进修，更深入地研究传统中医理论。

是年，于连云港作《作画述》诗、《春光曲》诗。

春光曲

旧垣长长
陈藩老篱已残断
挡不住九天的风
吹过池塘碧波岸

揉碎那个天
揉断那条虹
让幻想随那柳丝
飞飞扬扬

梅花丝丝香
迎春渐渐黄
朵朵蒲公英
雪里斗骄阳

推开那个窗
忘掉那个梦
池塘碧波风
吹得好深长

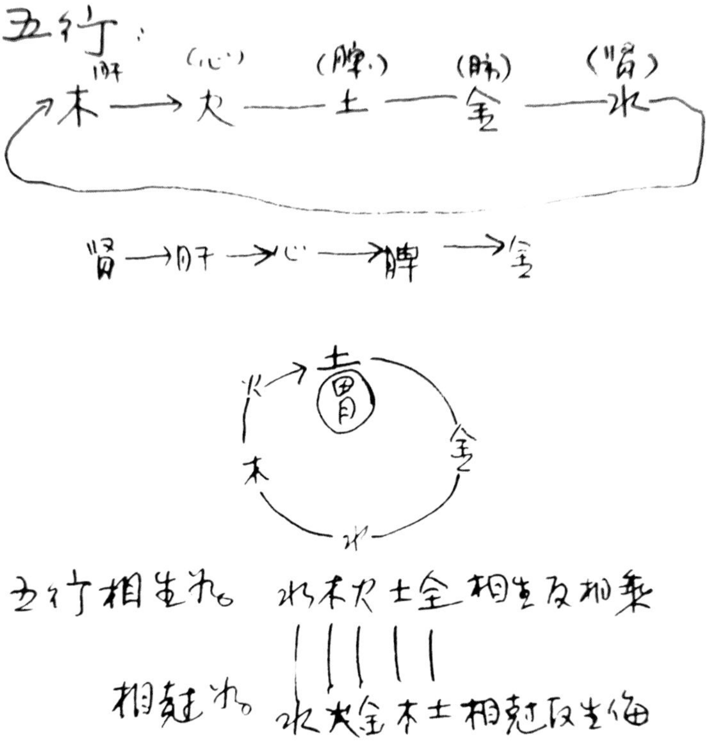

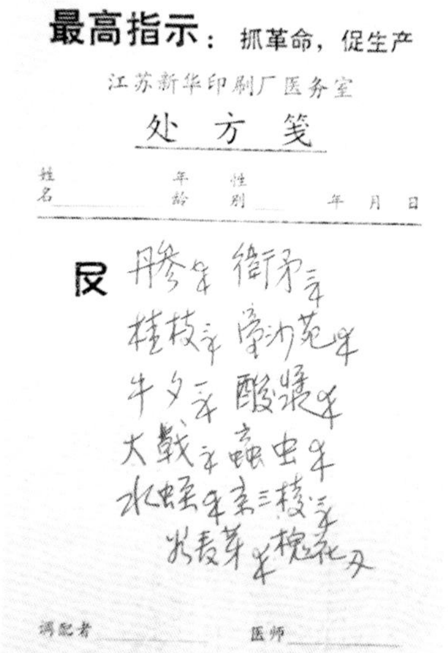
最高指示：抓革命，促生产

江苏新华印刷厂医务室

处方笺

姓名 年龄 性别 年 月 日

Rp

调配者 医师

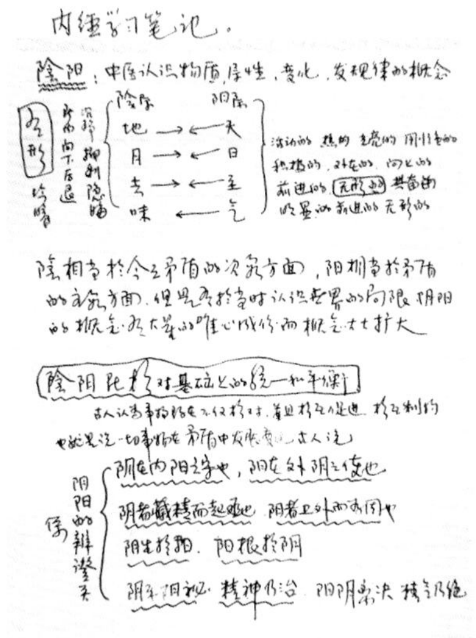

上：五行示意图

下：抄写处方，内经学习笔记

考入南京艺术学院，成为刘海粟院长唯一的山水画研究生，其导师组还包括陈大羽、张文俊两位先生。自此，其艺术生涯迈入崭新的阶段。

董欣宾出身贫微，种过地、做过工、练过武、当过兵、从过医，辗转南北，直到成为刘海粟的山水画研究生后，才算真正找到了他灵魂的寄栖之地。

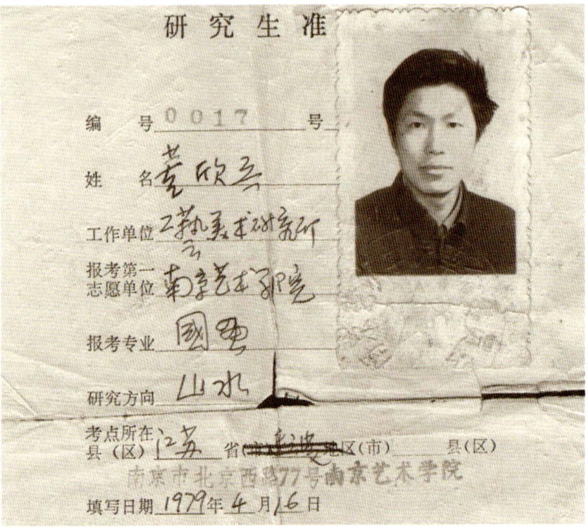

研究生准

编　号 0017 号

姓　名 董欣宾

工作单位 江苏省美术研究所

报考第一志愿单位 南京艺术学院

报考专业 国画

研究方向 山水

考点所在县（区）江苏 省 ~~南京~~ 地区（市） 县（区）

南京市北京西路77号南京艺术学院

填写日期 1979年4月16日

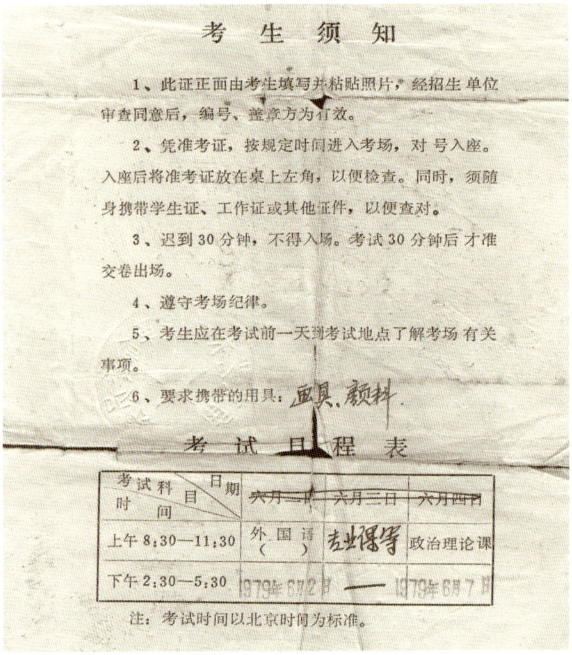

考生须知

1、此证正面由考生填写并粘贴照片，经招生单位审查同意后，编号、盖章方为有效。

2、凭准考证，按规定时间进入考场，对号入座。入座后将准考证放在桌上左角，以便检查。同时，须随身携带学生证、工作证或其他证件，以便查对。

3、迟到30分钟，不得入场。考试30分钟后才准交卷出场。

4、遵守考场纪律。

5、考生应在考试前一天到考试地点了解考场有关事项。

6、要求携带的用具：画具、颜料.

考试日程表

考试科目 \ 日期 \ 时间	~~六月二日~~	~~六月三日~~	~~六月四日~~
上午8:30—11:30	外国语（　）	专业课等	政治理论课
下午2:30—5:30	1979年6月2日	—	1979年6月7日

注：考试时间以北京时间为标准。

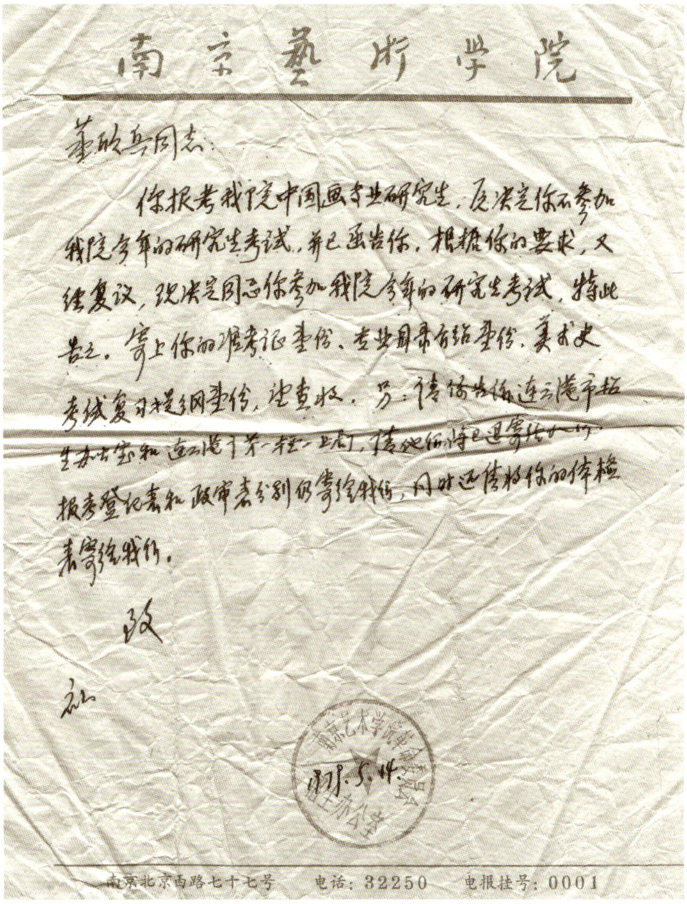

南京藝術学院

董欣兵同志：

你报考我院中国画专业研究生，原决定你不参加我院今年的研究生考试，并已函告你。根据你的要求，又经复议，现决定同意你参加我院今年的研究生考试，特此告之。寄上你的准考证壹份、专业目录介绍壹份、美术史考试复习提纲壹份，望查收。另：请你去你连云港市招生办公室和连云港市第一中学一趟，请他们将已退寄给你的报考登记表和政审表分别仍寄给我们，同时还请将你的体检表寄给我们。

致

敬礼

1979.5.14

南京北京西路七十七号　电话：32250　电报挂号：0001

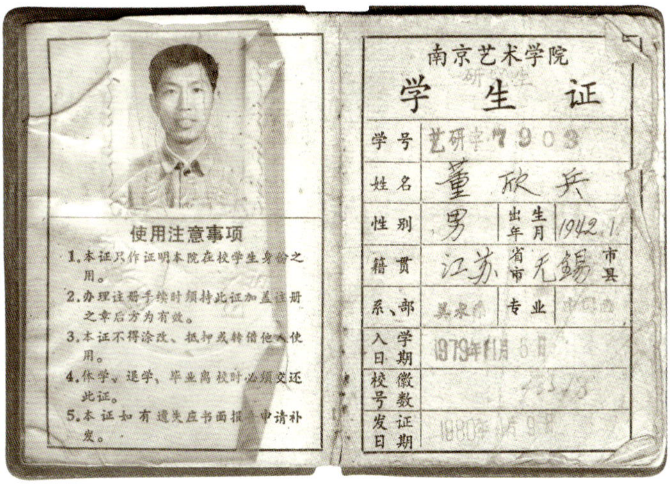

使用注意事项

1.本证只作证明本院在校学生身份之用。
2.办理注册手续时须持此证加盖注册之章后方为有效。
3.本证不得涂改、抵押或转借他人使用。
4.休学、退学、毕业离校时必须交还此证。
5.本证如有遗失应书面报告申请补发。

南京艺术学院
研究生
学生证

学号	艺研字7903		
姓名	董欣兵		
性别	男	出生年月	1942.1
籍贯	江苏省无锡市县		
系、部	美术系	专业	中国画
入学日期	1979年11月6日		
校徽号数	[illegible]		
发证日期	1980年4月9日		

左：1979年，研究生准考证
上：1979年，南京艺术学院致董欣宾信函
下：南京艺术学院学生证

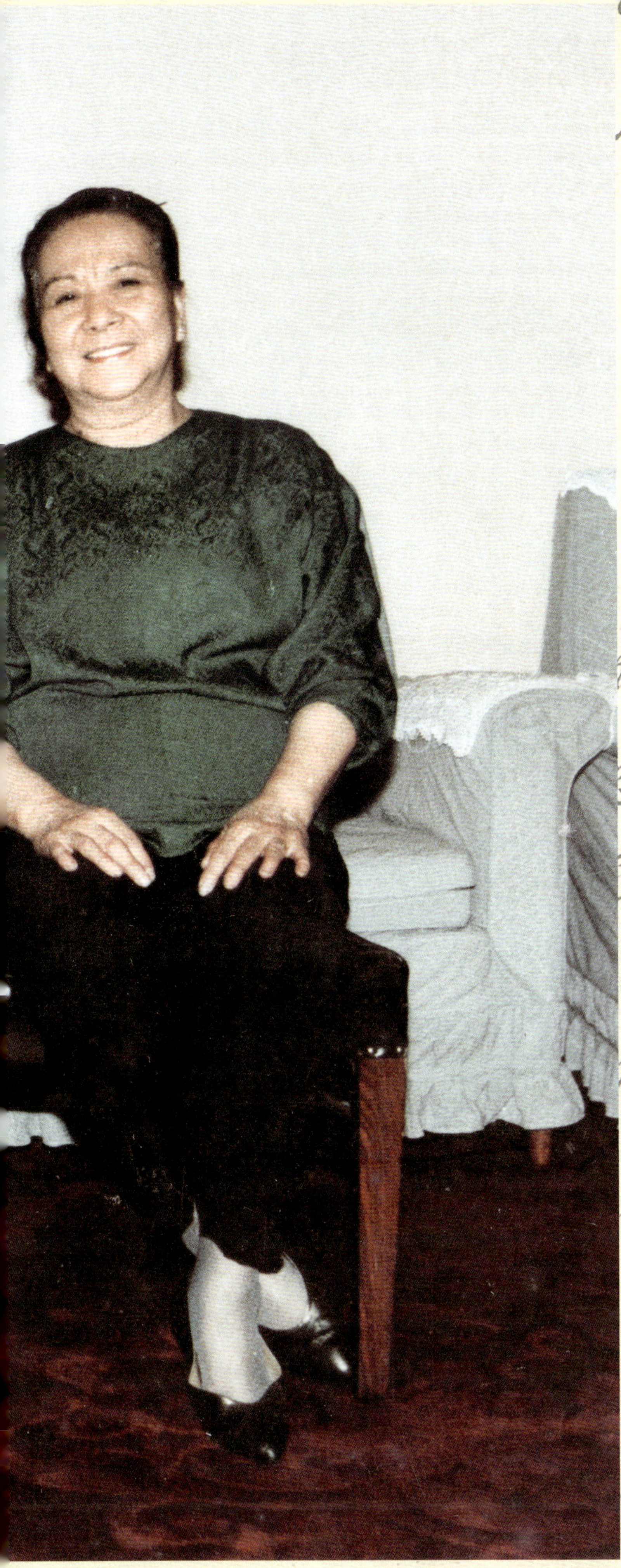

欣赏学习，来信收见

书展，古铸刚劲，气势

1989年出国，在欧美台港各

多个大展之后，精力已衰，但

中华文化，为世界人类作

为社会主义祖国增光。《东

汇美术馆》同时2

馆，我们原定十月廿三

迎接香港大学校长王赓武来函，并由

已决定着手筹建刘

设备务求符合国际

为快。《大中华宝

寿

刘海粟 九十

无题

20 世纪 70 年代

35.2 × 35cm

纸本水墨

无题
20 世纪 70 年代
65 × 35cm
纸本水墨

左：水彩
1964 年
14.8 × 9.8cm
纸本

上：苑丛尽处
1974 年
11 × 11cm
纸本水墨

下：无题
1964 年
6.8 × 6cm
纸本

背面题记：
留念，一九六四年初，
阿斌给逸兰。

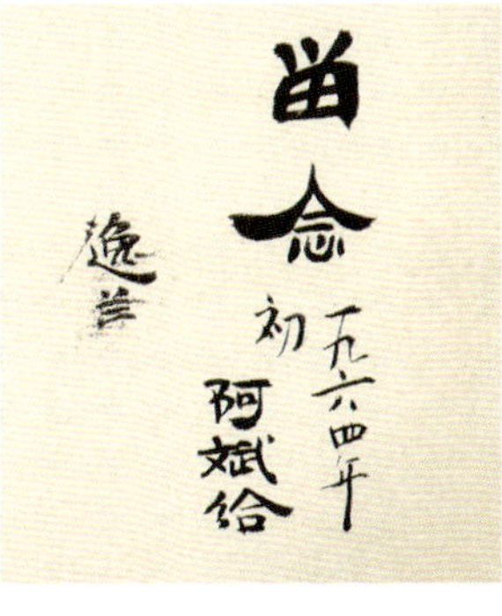

1980-1989

体系建构

随着中国社会进入新的历史时期和西方现代艺术全面传入，20 世纪 80 年代中后期，整个中国画界展开了对艺术创作目的以及中国画前途的群体自发性思辨。董欣宾置身其中，既冷静思考，又参与推动，逐步推进中国画学理论的现代学科化建构，并以多样风格的实践探索中国画创作的现代转型。一方面对传统中国画艺术本体的材料学、语言学及审美理论进行由微观至宏观的结构性梳理，《中国画若干基础问题的探述》、《中国绘画对偶范畴论》、《中国绘画六法生态论》等著述彰显其思想体系的深邃与系统；另一方面广泛涉猎西方现代哲学、美学、社会学、人类学等多种人文理论，以资比照，借镜自鉴，在双向交流与对话中奠定对民族艺术的自信坚守和未来发展的乐观展望，并开始思考人类文化发展普遍而本质的内在规律。由理论到实践，董欣宾在艺术创作思想上提出回归本体、立本推进的观点，形成了流派性影响。在此期间，他游历大江南北，由实景熔铸心景，以景生情，缘情造境，笔线与墨法的创新不仅打破而且丰富了传统语言程式，最终凝练为个性化的现代表达，而空间布局的奇变更营造出强烈而自我的审美新境。

自8月始，先后随导师赴黄山写生，游山西、陕西，拜访石鲁先生，并由陕入川，在乐山大佛寺作《霜天寥廓一青松图轴》。

同年，《江苏画刊》发表其中国画《匡庐莲溪图》。

香港《集邮》杂志发表其中国画作品《黄山云海奇观》。

上：　与张文俊先生等在黄山留影
右上：在云冈石窟及黄山采风时留影
右下：20世纪80年代初，在江南写生时留影

1981 年，入汉中拜访石鲁先生，聆听先生教导，受益匪浅。后作多幅石鲁像以示纪念

左上：革命画家石鲁之像
左下：摘秋图
右：　为石鲁师造像

于南京艺术学院研究生毕业，毕业论文为《中国画若干基础问题的探述》，对中国画画学理论提出颇为深入而独到的见解。

同年，在南京艺术学院展览馆举办研究生毕业画展，轰动江苏画坛。毕业后分配至江苏省国画院，专职从事山水画创作，并任理论研究室主任。

同年，大型文学期刊《钟山》发表其中国画和印章作品。

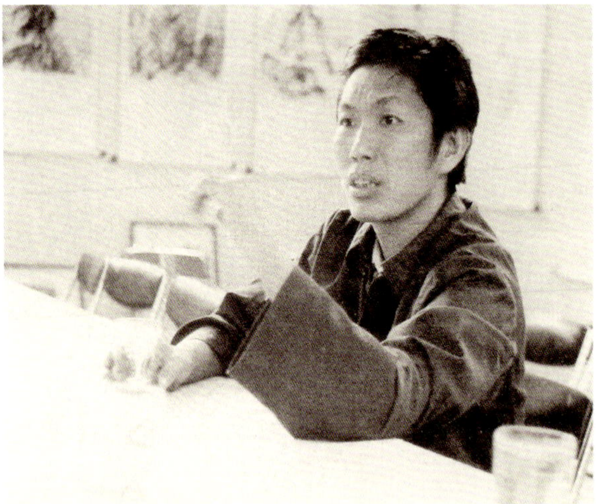

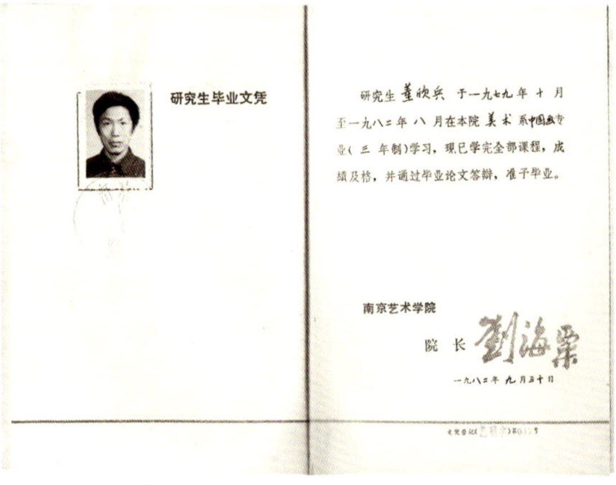
研究生毕业文凭

研究生董欣宾于一九七九年十月至一九八二年八月在本院美术系中国画专业（三年制）学习，现已学完全部课程，成绩及格，并通过毕业论文答辩，准予毕业。

南京艺术学院

院长 劉海粟

一九八二年九月三十日

上：1982年，研究生答辩现场
下：1982年，研究生毕业文凭

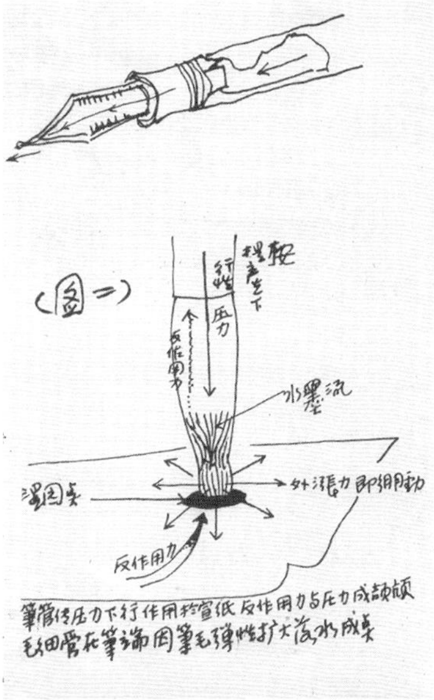

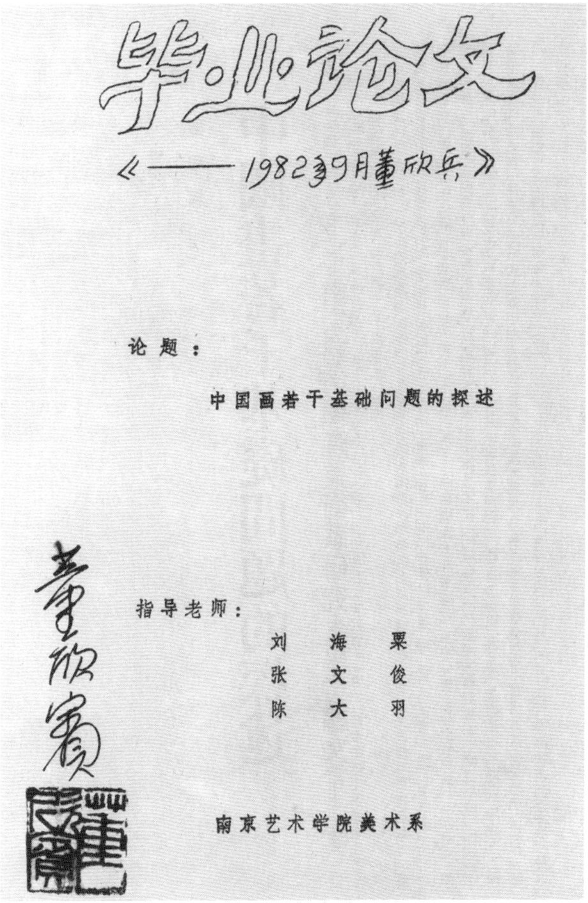

毕业论文

《——1982年9月董欣宾》

论题：

中国画若干基础问题的探述

指导老师：

刘 海 粟
张 文 俊
陈 大 羽

南京艺术学院美术系

上：1982 年，毕业论文文稿
下：《钟山》杂志发表作品《明月松间照》
及印章作品《己有所悟》、《也平常》

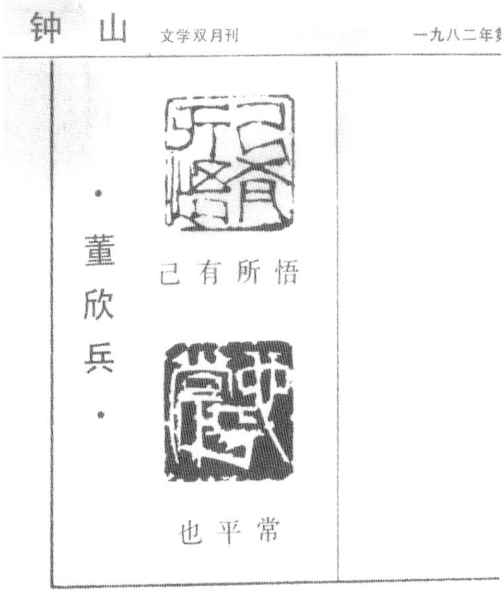

秋，作《普陀山山月连轴》、《秋意图轴》、《秋林长河图轴》。

同年，作《四高士图卷》、《王昭君像图轴》、《萧恩像图轴》、《双丐图》等多幅人物画。

是年，赴安徽合肥参加黄山画派学术讨论会，游合肥、枣园等地。

11月，上海人民美术出版社《美术丛刊》第28期刊载其文章《中国画点与线的内结构分析》及绘画作品十多幅。

同年，为被迫害含冤至死的南京博物院原院长姚迁四处奔走，反映冤情。

同年，为香港《集邮》杂志题写刊名。

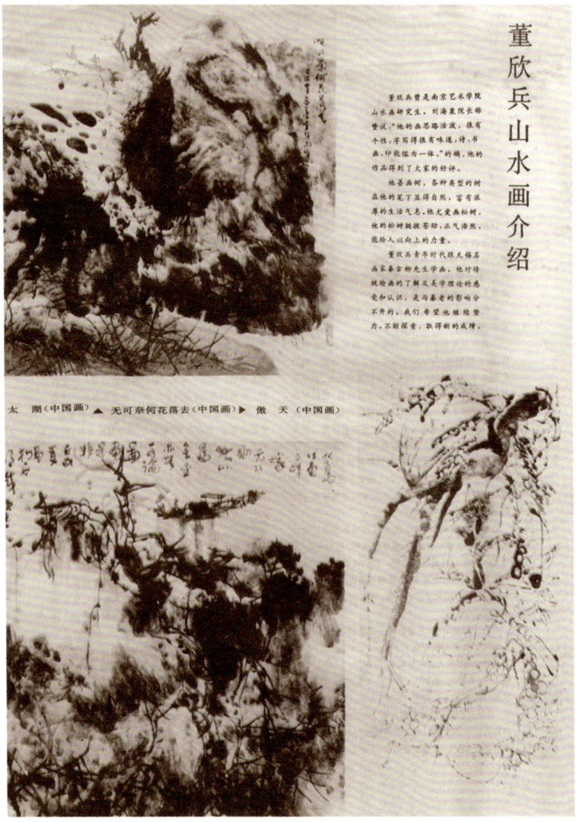

董欣兵山水画介绍

董欣兵曾是南京艺术学院山水画研究生，刘海粟院长称赞说："他的画思路活泼，很有个性，字写得很有味道，诗、书、画、印能熔为一体。"的确，他的作品得到了大家的好评。

他善画树，各种类型的树在他的笔下显得自然，富有浓厚的生活气息。他尤爱画松树，他的松树挺拔苍劲，正气浩然，能给人以向上的力量。

董欣兵青年时代跟无锡名画家秦古柳先生学画，他对传统绘画的了解及美学理论的感受和认识，是与秦老的影响分不开的。我们希望他继续努力，不断探索，取得新的成绩。

太　湖（中国画）▲　无可奈何花落去（中国画）▶　傲　天（中国画）

1984年，《江苏画刊》刊载《董欣兵山水画介绍》

是年，再次游陕北，作《信天游图轴》。

12月31日，在江苏省美术馆举办个人画展。

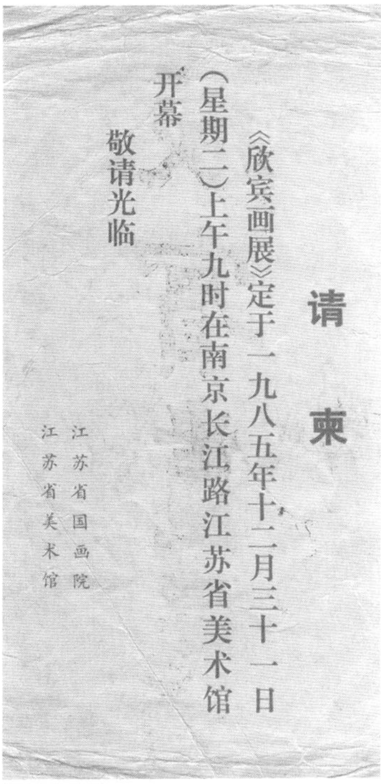
请柬

《欣宾画展》定于一九八五年十二月三十一日（星期二）上午九时在南京长江路江苏省美术馆开幕

敬请光临

江苏省国画院

江苏省美术馆

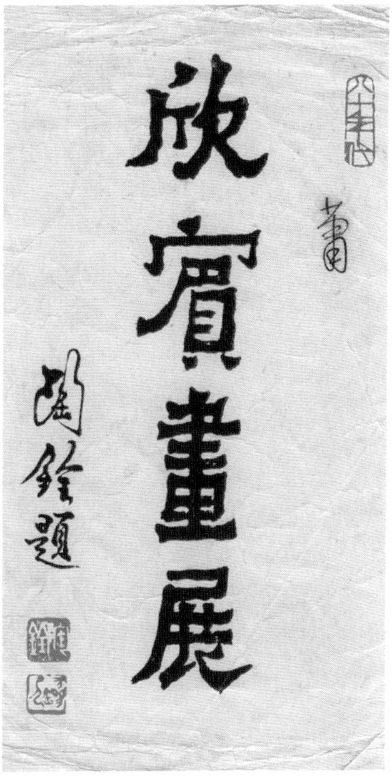

上：1985年，在江苏省美术馆举办“欣宾画展”时的请柬

下：1985年，在江苏省美术馆举办“欣宾画展”时的海报

1985 年，陈大羽先生为“欣宾画展”题词

4月25日至5月10日在中央美术学院参加"江苏九人中国画展览"。

8月，江苏美术出版社出版《欣宾画集》，著名文学家高晓声作序。

9月，在中国美术馆举办个人画展，游北京西山。

9月28日，《解放军报》发表陈大鹏文章《从好战士到名画家——记退伍军人、中年画家董欣宾》。

同年，《江苏画刊》第5期发表董欣宾文章《也谈几句我见》。

《江苏画刊》第7期发表郑奇论文《董欣宾初论》，并发表董欣宾中国画作品十多幅。

《江苏画刊》第8期发表董欣宾文章《再谈我见》。

同年，《红旗》杂志发表董欣宾中国画作品《情高质洁》；《雨花》杂志发表其中国画小品；《朵云》杂志发表其论文《中国画若干理法问题初探》。

1986年，在中央美术学院举办"江苏九人中国画展览"时的海报

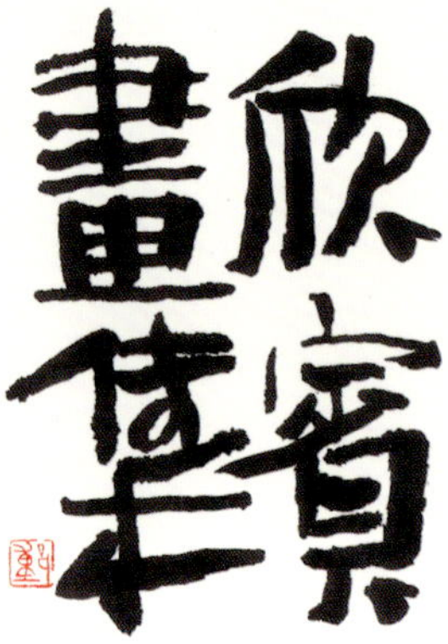

出版：江苏美术出版社
发行：江苏省新华书店
印刷：江苏新华印刷厂

开本：1 12　印张：2　印数：3400

一九八六年八月第一版
一九八六年八月第一次印刷

书号：8353·6·052　定价：3.80元

左：1986年，《欣宾画集》的封面与封底（江苏美术出版社出版）
右：高晓生为《欣宾画集》作序

江苏美术出版社要出版董欣宾同志的画集，这是一件值得称道的好事情。董欣宾同志几年来奋发精进，第一批果实瓜熟蒂落了。

不过，董欣宾同志要我为这本画集写篇序，则纯是一种奇想。他知道我不懂画，我也知道他不是要出我的丑。盖出于一种天真。我原是不该答应的，结果竟答应了。大概也太天真了。因为我想到他的画原用不到我多说什么，而除了画之外，要说的也极简单。

对于国画，我原无所知，要说有一些感受，那也是从欣宾那儿来的。欣宾曾应邀到我常州家中作客，住下来画了几天。我原说要去借一张画桌来，他坚持不要，随手把宣纸摊在我房间里的水泥地上，曲膝蹲着画了起来。他说，从前在学校读书时，就是这样蹲在宿舍里地上画了几年，蹲出功来了。我当然知道这样画很累，不能任他去的。但转眼竟忘记了；因为他一动手，便画得那样轻快，那样自如，那样胸有成竹。无论是点、是线、是布局，都得心应手，水到渠成。那支笔如生牢在他手指上，要它怎样就怎样，似乎全不费半点气力，不给人一点勉强的感觉。如此一直画到第五天，我偶然发现床底下有一张钓鱼用的小折橙，才想到他已经蹲过四天了，连忙拿出来请他坐。他看了一眼笑着说："这正是坐了画的橙子。"这才坐下。我不禁要自责，这四天，我无意间考了他一下，因此很佩服他的功夫。

欣宾一连画了六天，我就在旁边看了六天。觉得欣宾的画，路子很宽，我感触最深的，则是两种，一种是全靠点、线一笔一笔舖陈出来的画，例如题名"乐山大佛"的那一棵松树，最集中地显示出了欣宾作画的基本功。另一种是泼墨画。泼墨在宣纸上，形成一种自然状态的浓淡色层，构成一幅朦胧变幻的景象，似乎是很容易做到的。但是面对着这样的幻景，如何发挥想象力，创作出怎样的图画，却能充分反映出画家的气质和素养来。欣宾往往能在那幻景上稍加笔墨，便勾出一幅出人意料的新画，常常使我惊喜不已。

画如其人。上面说到的两种画，我认为最能够看出董欣宾的艺术气质、素养和基本功夫。

然而我终究还不是为这些才写序文的。主要原因还在于我同董欣宾的认识，是他做了一件使我难以忘却的事情。我有一位颇可信任的同志(应该说是知已朋友)，遭受到严重的冤屈，我对此事知道大概，却并未过问。仔细考查自己的灵魂，是出于两怕，一怕麻烦，二怕得罪人，但据此便置朋友于不顾，当然说不过去，因此尽量想把朋友受的冤屈看得轻些(毋用紧张)，再把自己受过的冤屈尽量看得重些(不是也过来了吗)，来让自己的良心得到平静。这时候却来了个董欣宾，他同我素不相识，同我那位朋友也只是泛泛之交。可是他知道我同我的朋友相知，跑来把实情告诉我，向我进了一言。这一言使我无可再遮掩，才做了些勉强对得起朋友的事。只此一点，便可以看出自家灵魂上蒙的灰尘有多厚，欣宾则明显地比我负担轻得多。

我这样说，是认为欣宾的灵魂也难免蒙有些尘埃。但如果因此便说他如何如何，则未必。说别人的人，总也该看看自己。欣宾身上，被指责为缺点的，原因往往在于他触动了别人灵魂上蒙的那层灰尘。须知许多人把它当做衣服保暖呢！

因此我才为之序。

高晓声

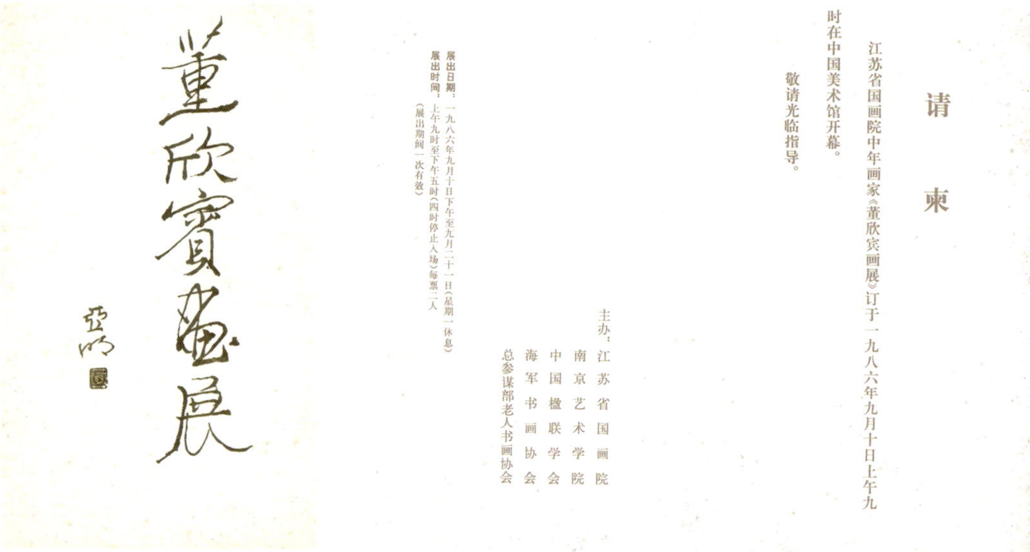

请柬

江苏省国画院中年画家《董欣宾画展》订于一九八六年九月十日上午九时在中国美术馆开幕。

敬请光临指导。

主办：江苏省国画院
南京艺术学院
中国楹联学会
海军书画协会
总参谋部老人书画协会

展出日期：一九八六年九月十日下午至九月二十一日（星期一休息）
展出时间：上午九时至下午五时（四时停止入场）每票二人
（展出期间一次有效）

董欣賓畫展

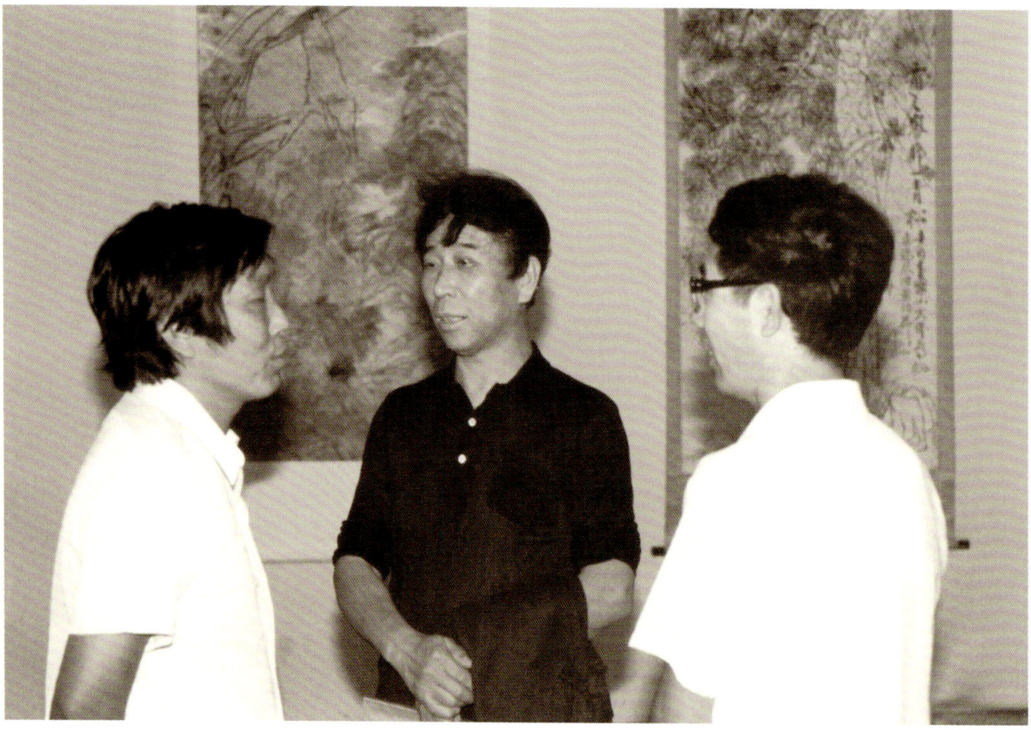

上：1986年，在中国美术馆举办“董欣宾画展”时的请柬
下：1986年，在中国美术馆与评论家交流（右为刘曦林先生）
右上：1986年3月，《雨花》杂志刊载董欣宾作品
右下：《写生述忆——总结研究山水画写生》手稿

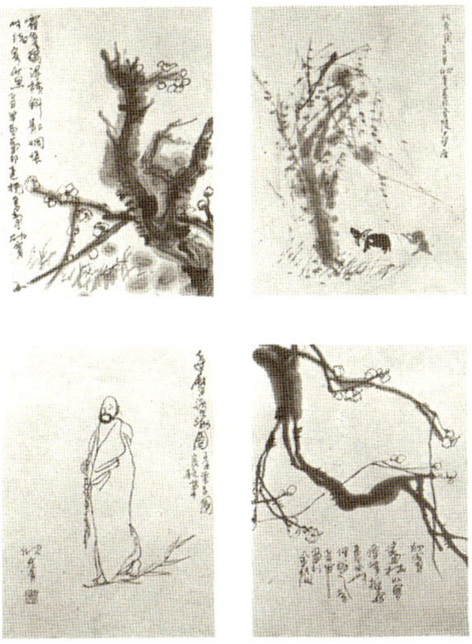

董欣宾小品四幅

封面画：董欣宾

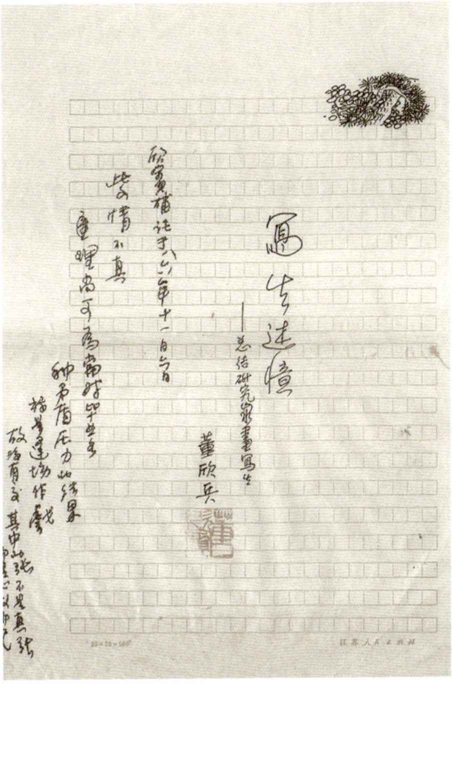

写生述忆
——总结研究张老师写生
董欣宾

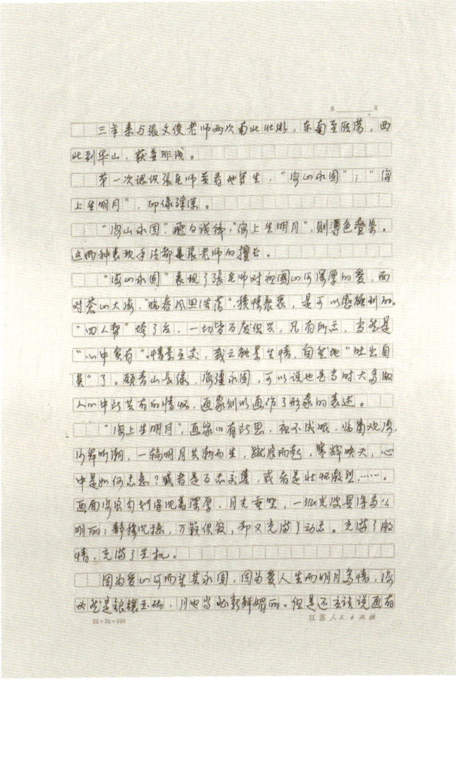

三年来与张文俊老师两次南北北游，东南至雁荡，西北到华山，获益非浅。

第一次认识张老师是看他写生，"海山永固"；"海上生明月"，印象深深。

"海山永固"聪白线绣，"海上生明月"，则薄色叠染。这两种表现手法都是张老师的擅长。

"海山永固"表现了张老师对祖国山河深厚的爱，而对苍山大海，"临春风思浩荡"，抒情寄怀，是可以感触到的。"四人帮"垮了后，一切皆百废俱兴，凡有所志，当然是"心中实有"，情景互交，或云触景生情，自然地"吐出自襄"了。颂青山长绿，海疆永固，可以说也是当时大多数人心中所共有的情怀，画家则以画作了形象的表述。

"海上生明月"，画家心有所思，夜不成眠，临窗观海，涛声所渊，一轮明月出渊而生，跳浪而起，寒辉映天，心中是如何志意？或者是百感交集，或者是壮怀激烈……。画面深沉而对得比高深厚，月光垂空，一派光波显得多么明丽；静穆沉稳，万籁俱寂，却又充满了动态。充满了激情，充满了生机。

因为爱山河而望其永固，因为爱人生而明月寄情，海也总是银辉玉砌，月也当然新鲜明丽。但是还应该说画面

江苏人民出版社

1月15日，《爱国报》发表其文章《画家书简》；1月22日，发表《说挑头》；2月19日，发表《技巧议》。

6月，因病入住江苏省中医院，病中作《病中呓语诗》、《病中吟诗》等。

同年，作《春牛图》、《陆游造像图轴》、《至善尊者造像图轴》、《梅竹双清图轴》、《树分三枝课徒图轴》等。

病中吟

病着 体温失控
脑袋放映出奇形怪状
天堂混入地狱
山川变成惊涛
苍茫 升腾 旋转
生命的舟
失却了方向 平安
在深渊里
到处是闪烁不定
金蛇般狂舞
洒开了 奔荡去
沉沉地浮上浮下
沉沉地摇来晃转
浓缩了无数的梦
漫溯去生命的堤岸
憧憬弱性的引诱
生命失去了剧烈的冲撞
像凄冷的星光
没有长激的辐射
静寂 渺远
云 我热爱的云
我恋恋的七月的傍晚
从童年的绮丽中涌来
驾着豪光 鼓着天风
滚过牛背
伴着钟声牧笛
烘托起我绵软无力
柳絮似的飘飘
……

是年，作《时空里我必将永恒——五十题照》。

是年，赴武汉参加水墨画节并作诗《武汉散记》；在北京民族饭店作《玩鸟者图》。

同年，作《清明即感》、《自悟》、《摆脱云天的深刻》、《灵魂》、《发现》、《静夜思》、《读书》等多首诗篇。

同年，《雨花》第3期刊载其诗《候鸟之说》。

同年，第7期《江苏画刊》发表郑奇《董欣宾初论》。

时空里我必将永恒——五十题照

忍受了漫长的责难
静似笋岩
抚着那顽性的傲骨
昂首白云
凝望那长天孤鹜
飘飞在黄昏暮色里
之寄栖
弥笃厚
无需了一切语言
心
平静地抖落浮云
播种我天上星辰
抚览我心里明月
时空里
我必将永恒

是年，在天地居作《碑材图轴》、《童年记事图》、《半日静坐、半日读书图》、《石鲁摘秋图轴》、《佛像图轴》等。

同年，《中国美术报》发表栗宪庭文章《南线北皴——新文人画两种风格大致形成》，文章称董欣宾为南方画派的领衔人物。

同年，《江苏画刊》第7期发表陈孝信文章《我的画既不是传统，也不是新文人画——董欣宾采访录》，并发表董欣宾中国画作品10幅。

同年，《中国美术报》第23期发表董欣宾、郑奇文章《关于文化对流的对话》。

同年，台北《雄狮美术》月刊出版《董欣宾特辑》，发表中国画35幅及两篇学术论文。

上：在扬州习武时留影
下：在北京与柯文辉先生合影
右：1989年，《雄狮美术》第12期出版《董欣宾特辑》封面

此册共30页一九八九年台湾雄狮美术为我所发专辑 董欣宾注

雄獅美術
12
1989
◉董欣賓特輯
◉89年法國FIAC展的省思

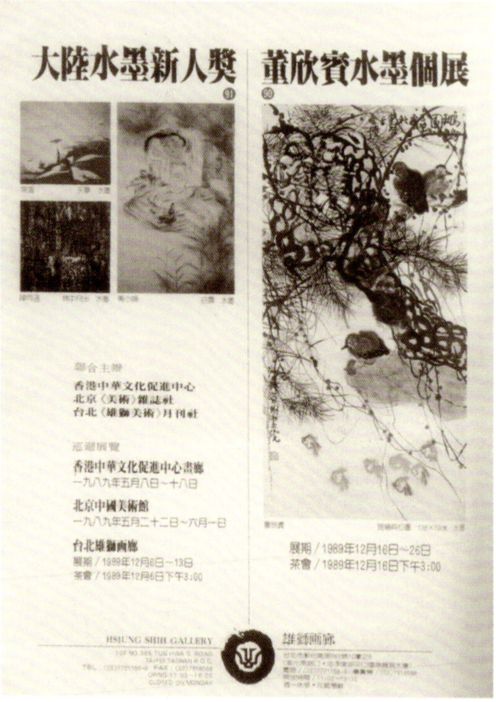

大陸水墨新人獎

董欣賓水墨個展

聯合主辦

香港中華文化促進中心
北京《美術》雜誌社
台北《雄獅美術》月刊社

巡迴展覽

香港中華文化促進中心畫廊
一九八九年五月八日～十八日

北京中國美術館
一九八九年五月二十二日～六月一日

台北雄獅畫廊
展期／1989年12月6日～13日
茶會／1989年12月6日下午3:00

展期／1989年12月16日～26日
茶會／1989年12月16日下午3:00

HSIUNG SHIH GALLERY

雄獅畫廊

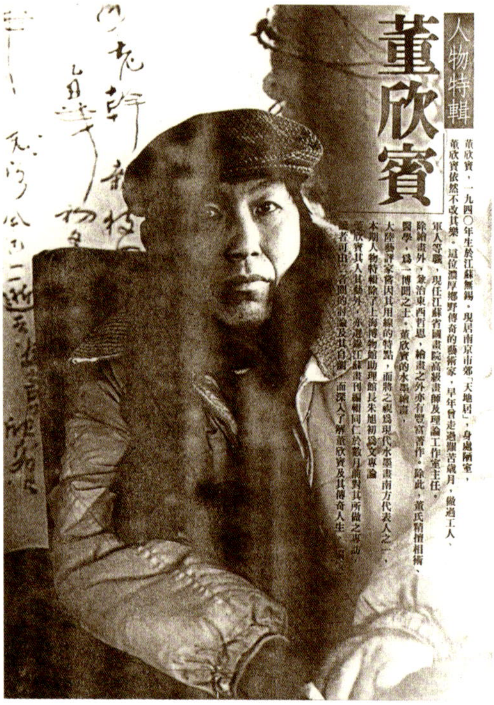

人物特輯

董欣賓

董欣賓，一九四〇年生於江蘇無錫，現居南京市郊「天地居」，身處陋室，董欣賓依然不改其樂。這位濃厚鄉野傳奇的藝術家，早年曾走過艱苦歲月，做過工人、軍人等職，現任江蘇省國畫院高級畫師及理論工作室主任。除繪畫外，兼治東西哲思，繪畫之外亦有豐富著作。除此，董氏精擅相術、醫學，爲一博聞之士。董欣賓的水墨繪畫，大陸藝評家常因其用線的特點，而將之視爲現代水墨畫南方代表人之一，本期人物特輯除了上海博物館助理館長朱旭初爲文專論董欣賓其人其藝外，亦選錄江蘇畫刊編輯同仁於數月前對其所做之專訪，讀者可由[illegible]者圖的討論及其自撰，而深入了解董欣賓及其傳奇人生。（編）

上：1989年，在台湾举办“董欣宾水墨个展”的请柬
下：《雄狮美术》刊载《人物特辑——董欣宾》
右：《雄狮美术》刊载董欣宾作品

看他的外表舉止，再看他的畫，你有時會覺得不是同一個人。然而，正是在他的繪畫藝術裡，你可以看到他那靈秀、細膩、溫厚的另一層內心世界。

欣賞生於無錫張涇，幼時隨長期隱居鄉間的秦古柳先生學畫。古柳先生的高潔、博學以及他那清逸超拔的畫風在欣賞幼小的心靈上留下永不磨滅的印象。南京藝術學院附中畢

未放棄過讀書、習字、畫畫、練武。在南藝，他得
節劉海粟、陳大羽、張文俊三位先生的教誨指點，藝
他自小跟古柳先生臨摹宋元大家風格，有札實的傳
此時更是壯遊大江南北，窮讀博物館藏畫，日以繼
執筆，將他對大自然的強烈感受、對傳統畫理的深
極其抒情的方式傾瀉出來。

欣賞的畫，從畫面上講是以意境爲上，或靜逸
激情澎湃。這正是傳統的中國文人畫寄情遣興的藝
特點，但欣賞在其中注入了他作爲現代人的思想情
人的文化修養和審美選擇。從技法上講，他的主要
是用線，二是用水。

用毛筆畫線是中國畫的固有傳統。從東晉顧愷
道子到宋李公麟，一脈相承下來，而到元代強調以
入畫，更大大加強了中國畫用筆用線的重要性和豐
賞的用筆功力深厚，悟性很高，並在理論上有獨到
有專文提出中國畫的線內結構學說。他有相當多的
要靠線條來表現的。如《風雨清虬龍飛》就是一例
幾乎沒有用什麼皴染，佈滿盤繞錯綜的墨線。蒼幹
筆較多，長長的線條，一氣呵成，筆致轉側變化，
節律。叢叢松針全是中鋒用筆，既勁挺而又飄逸。
如春蠶吐絲、連綿不斷，上下盤繞。整幅畫簡直就

飄揚的動感中，我們可以感受到作者創作時亢奮不安的心靈狀態。《綠的韻奏》則是趣味而冷靜地用墨線對紙面的分割，以構成縱橫疏密、組合變化的黑白線面分佈，很有節律感。《寒鴉秋不勝寒》也是一件充滿動感的作品，快速的定向線條和色點的交織，表現出秋風摧樹黃葉飛的荒寒意境。爲了畫這種墨線流暢的「線畫」，他請朋友特製了幾種又硬又長的筆，用三吋以上的長羊毫製成。羊毫雖善蓄水但質軟，再加上長，很難控制。此筆上市後，很多畫家雖有心一試，但最後都不敢用。而欣賞則用它勾皴捫擦點染，無而不利，極爲得心應手。此外，他還用乾蘆葦葉、當棕皮製筆，把它們撕開，將頭部泡爛，蹂碎以勾墨線，特別是畫小草，有一種持

董欣賞　春牛圖　戊辰　90×34公分

的。水墨暈染與墨線渾然一體，恣肆揮灑，勾擦點染，達到了隨心所欲的境地。既充滿激情，氣勢奪人，又有許多小地方頗有交待、經久耐看。從畫面看，其實這是張《漁父圖》，不知多少古人曾畫過這個題材，但是欣賞卻表現出與他們完全不同的情緒和氣氛。大陸有位很著名的評論家曾著文說，當代掀起的「新文人畫」，可以爲南北兩大派，北派以魏爲主，南派以線見長，並把欣賞列爲南派中最有影響力的一位畫家，此可謂不失事實的評價。

欣賞另一路作品是用水。我想這恐怕最得益於劉海粟先

評介是在八年之前，而這次他是事先不知道，也想不到的，且相互間還遠隔著重洋萬里。駐筆於此，心中不禁湧起對他無限的思念與美好祝願。

研究員，普林斯頓大學藝術系訪問學者）

董欣賞　柳蔭牧放圖　己巳　69×45公分

柳波送莺语 唱与野人听
20世纪80年代
89.3×48.3cm
纸本水墨

无题
20 世纪 80 年代
43.8×68.6cm
纸本水墨

重庆印象
1982 年
69.4×33.7cm
纸本设色

争先恐后
1988 年
68.5×45.5cm
纸本水墨

强食弱肉
1986 年
48.2×51.2cm
纸本设色

不成图
1986年
48.5×48.8cm
纸本水墨

无题
20世纪80年代
68.5×46.1cm
纸本设色

无题
20 世纪 80 年代
84×75.5cm
纸本水墨

无题
20 世纪 80 年代
54 × 48cm
纸本设色

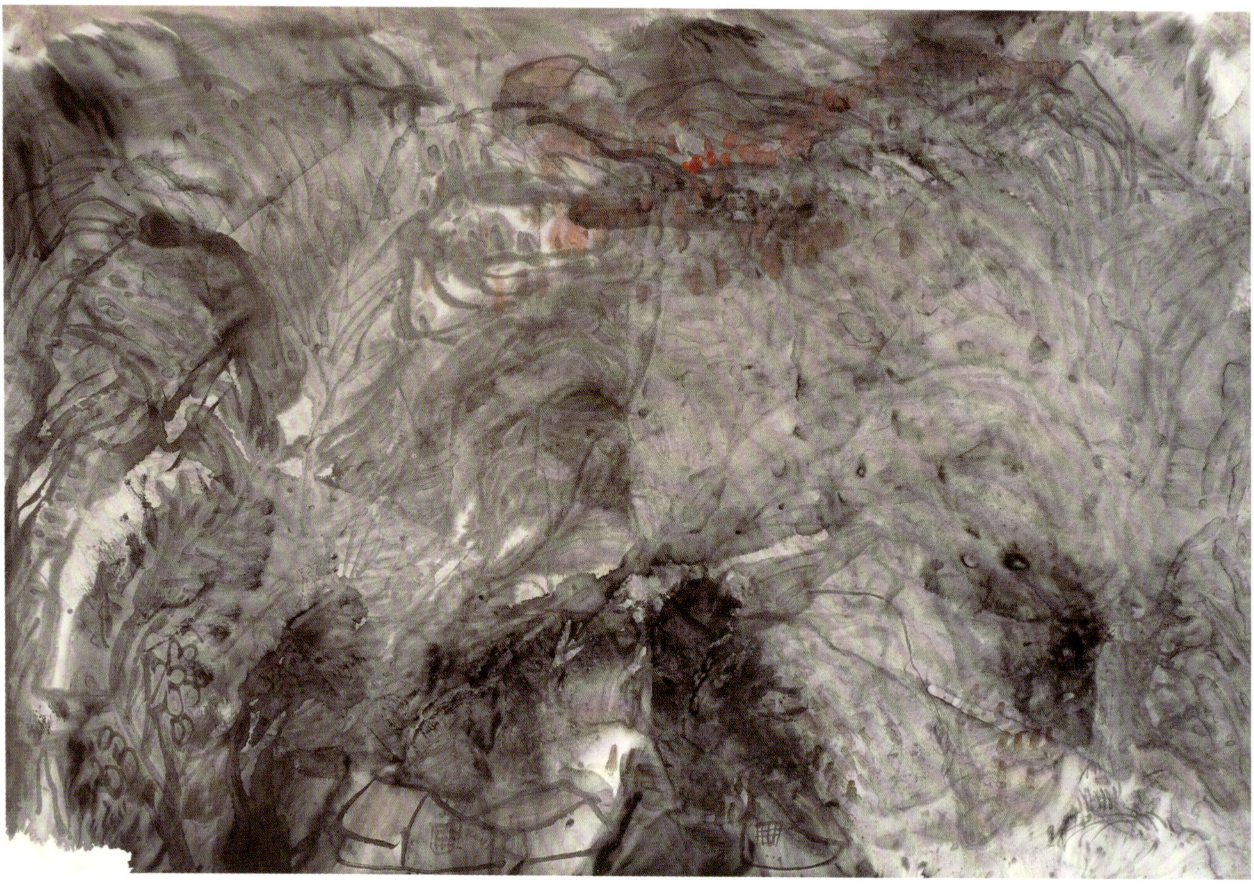

无题
20 世纪 80 年代
46.7×67.9cm
纸本设色

无题
20世纪80年代
51.4×70.2cm
纸本设色

无题
20 世纪 80 年代
34.3×36.4cm
纸本水墨

无题
20世纪80年代
71.2×69.5cm
纸本设色

无题
20世纪80年代
94.2×68.8cm
纸本水墨

无题
20世纪80年代
48.6×30.3cm
纸本设色

无题
20 世纪 80 年代
153.4 × 84cm
纸本水墨

无题
20世纪80年代
69.1×38.2cm
纸本设色

无题
20 世纪 80 年代
179.8×48.8cm
纸本水墨

秋山飞鸣弦

20 世纪 80 年代

151×41.6cm

纸本设色

清韵凌风
1983 年
137.1×34.2cm
纸本水墨

无题
20世纪80年代
103.7×42cm
纸本设色

无题
20 世纪 80 年代
138.8×69cm
纸本设色

仰观秋意
1985年
137.9×68.6cm
纸本设色

人物
20世纪80年代
81×54cm
纸本水墨

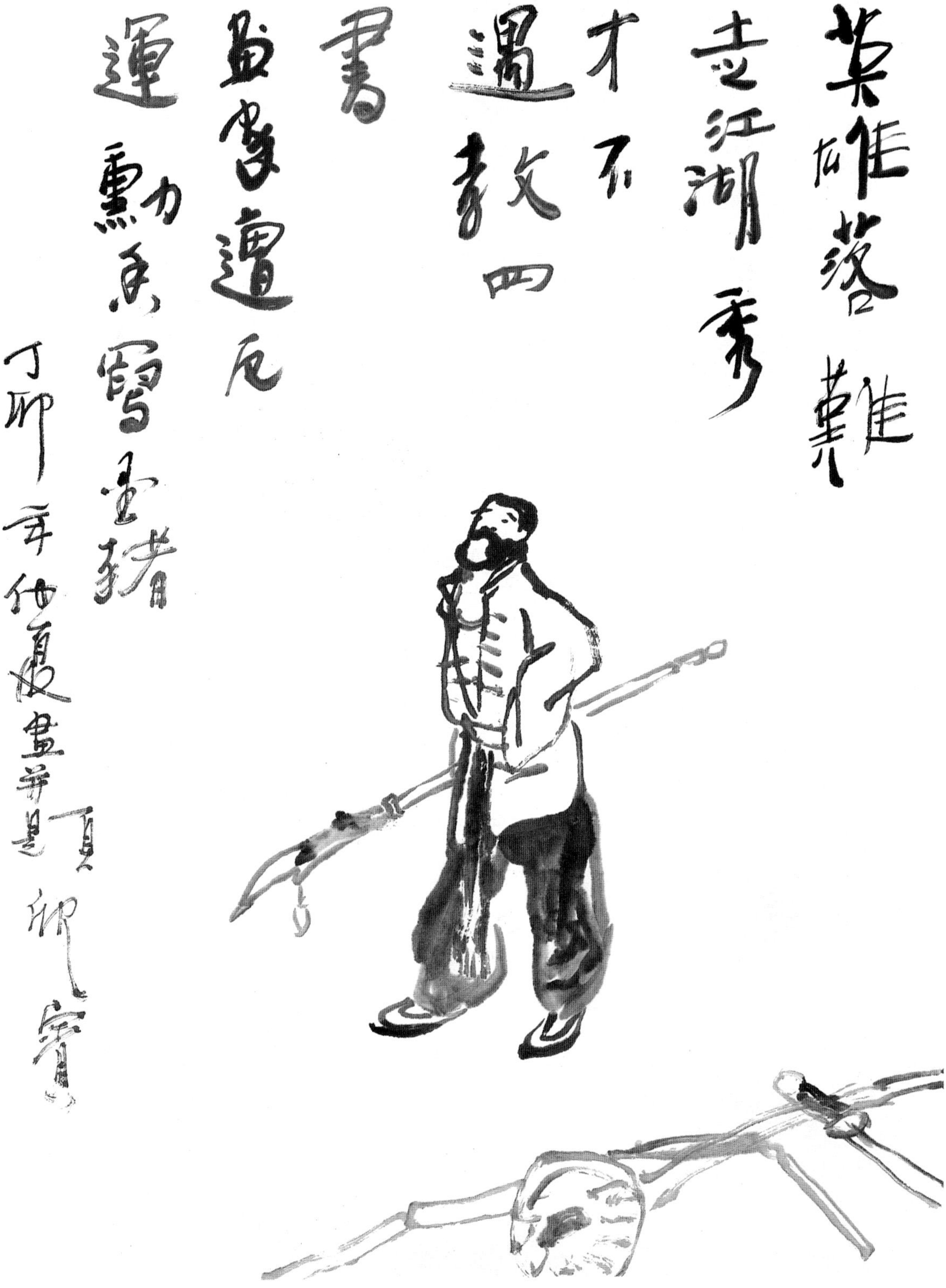

英雄落难走江湖
1987 年
92 × 69cm
纸本水墨

江阴刘天华先生

1987 年

68.7×46cm

纸本水墨

行行阿炳图
20 世纪 80 年代
66 × 46cm
纸本水墨

人物
20 世纪 80 年代
51 × 69cm
纸本设色

为弘一法师造像
1987 年
92 × 69cm
纸本水墨

人物
20世纪80年代
69.2×46.5cm
纸本设色

人物
20世纪80年代
46×34.3cm
纸本设色

天地居赋

陋室有统，天地居亦当列于此，后于诸葛之庐、扬氏子云亭，作赋以记。

南湖董欣宾天地居于莫愁湖南，八六年因故被逐而成此清纯肃穆之居室。居分为二，上六、下一①。无上无下处而成先生治艺论说天地玄微之神圣殿堂。时有抱琴携箫请我审听古典之乐，往来学者求我勾改图画文章之劳，自无天下浮华浪喧，尘世俗氛。

隐其世我俩弃之情，悲叹即无由耶！四野文星聚散，千里快哉风韵，洞达人生至谛，于是有《六法》、《对偶》、《年谱》、《文化》②之作，与郑奇弟谈笑七载，成经世辞章，束之高阁。

斯世耶！无鸿儒白丁之别，官绅布衣之分，卑亢自度间窃笑天下势利蝇头，六畜肝肠，清风自怀。仰观九霄风雷，俯察平地雪霜。更不自矜独步骚墨，堪惜百年往去平庸，庙堂胜算多少历历尔尔，寂寞秋夜，推望窗前石榴青黄，落叶飘零，月影花场……百感尽是浩茫。

董欣宾

1997年12月2日

①上六、下一：指六楼有一小套住房，一楼有一中套住房。六楼为最顶层，一楼为最底层，无上无下，故称之为“天地居”。

②《中国绘画六法生态论》、《中国绘画对偶范畴论》，由江苏美术出版社于1989年出版，后两次再版。《无锡县社队工业年谱》、《太阳的魔语——人类文化生态学导论》，海南国际新闻出版中心1996年版。四部书约写作于1987—1993年间，时间跨度为七年。

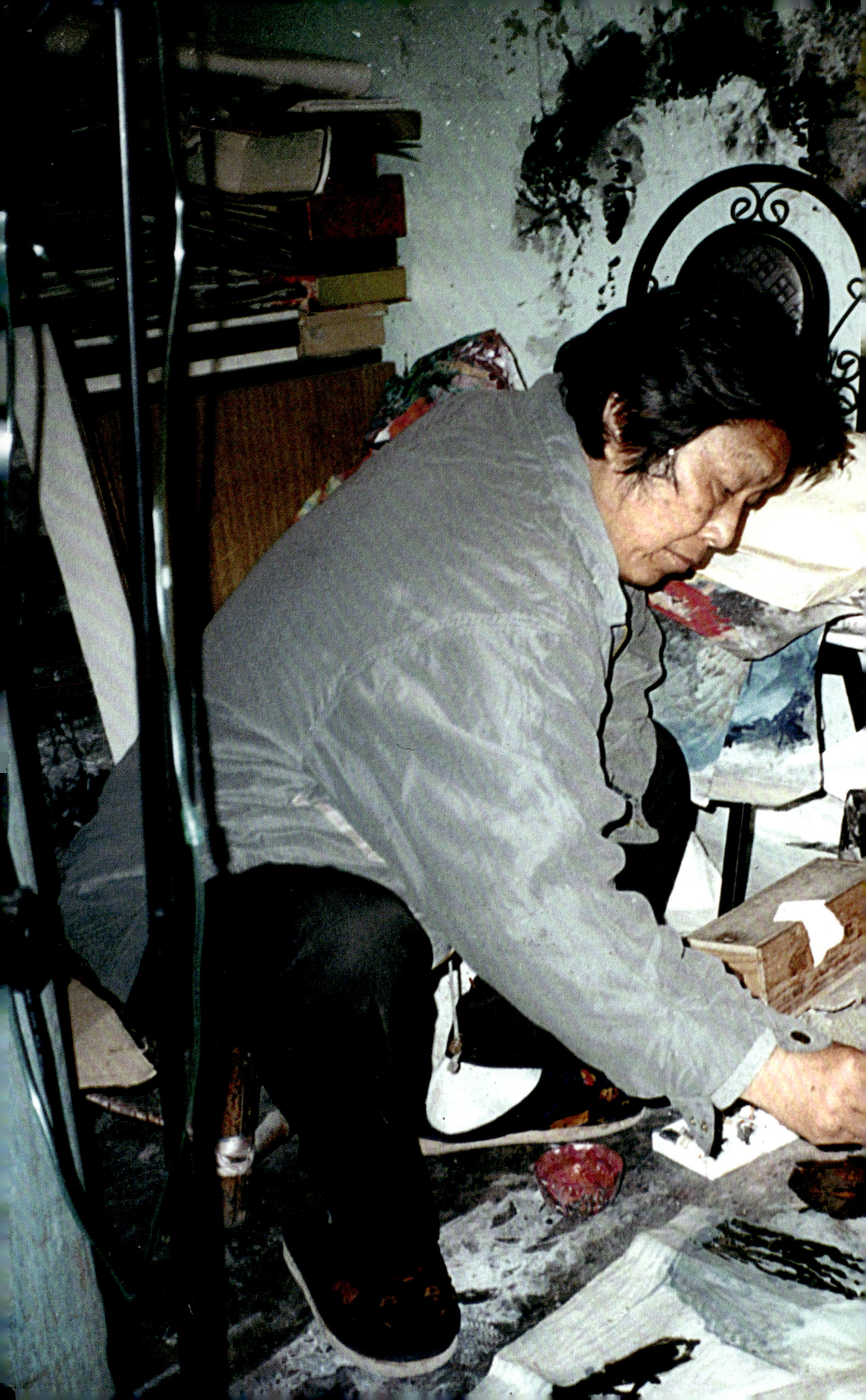

老幹新枝向陽生

天地居

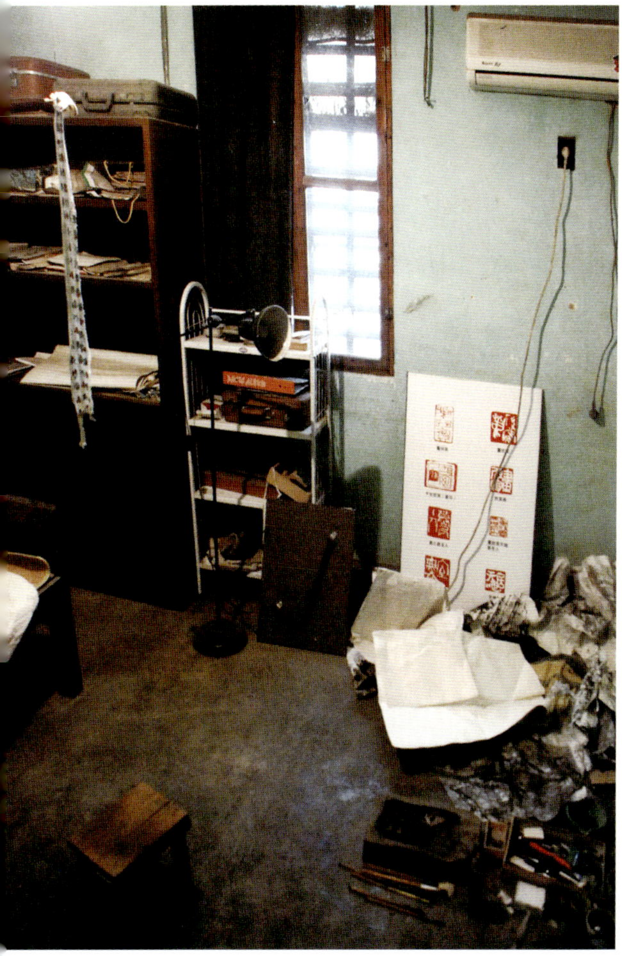

1990-1999

融通迸发

思潮退却。董欣宾与合作者郑奇在前期理论成果的基础上进一步完成了《中国绘画本体学》和《太阳的魔语——人类文化生态学导论》两本著作，在综合大量关于文化艺术的理性观点和对文化特性的地域性差异的感性体验中，总结出文化发展横向多元进化的特性，提出东方民族文化的审美高度为“美性思维”，标志着其“天地自然—人类—文化艺术”的宏大思想体系架构的全面完成。该时期的创作多在“天地居”完成，具有“天地生人”的自在与超脱，不再拘泥于具体形式和元素，传统技法与现代语言皆为自我表现所用，尤其是色与墨的张力与浑融，既有东方的神秘幽微，又具西方的直接强烈，正如其自我评价为一个东西方艺术主动交流互渗型画家，具有“冷抽象、热表现”的鲜明个性风格。

是年，先后游广州、北京。

是年，在"天地居"作诗《望星空》、《此身宛若云一朵》等，并作《老屋向日葵图》、《画天之气图》、《风雪夜归人图轴》、《铁拐一路仙风清图轴》、《自写老丐图轴》、《黄昏无那独自愁图轴》等。

4月，江苏美术出版社出版董欣宾、郑奇合著学术专著《中国绘画对偶范畴论》和《中国绘画六法生态论》。

11月，董欣宾受聘为华东六省一市书画鉴定提高班任课教师。

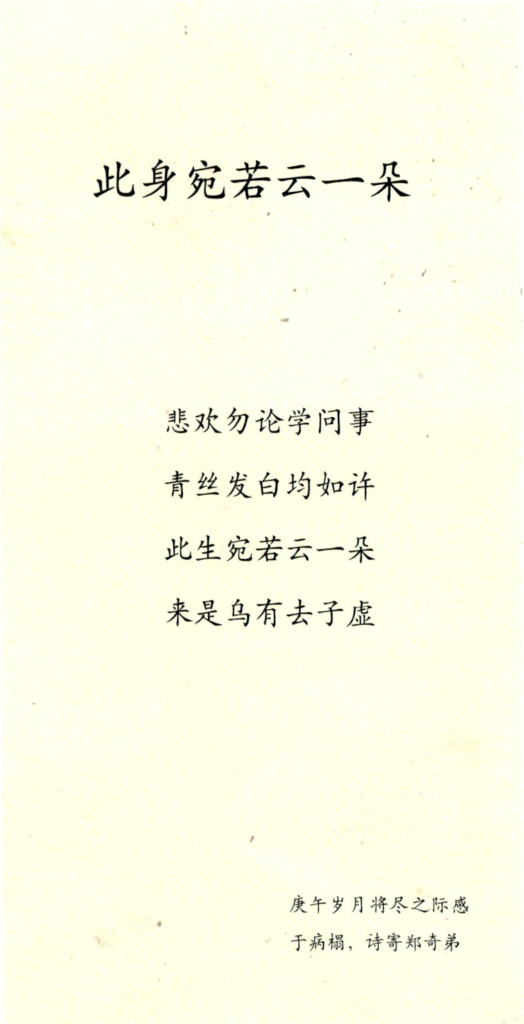

此身宛若云一朵

悲欢勿论学问事
青丝发白均如许
此生宛若云一朵
来是乌有去子虚

庚午岁月将尽之际感
于病榻，诗寄郑奇弟

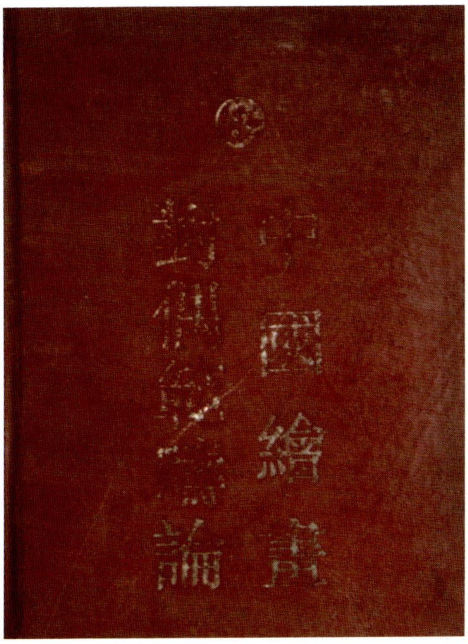

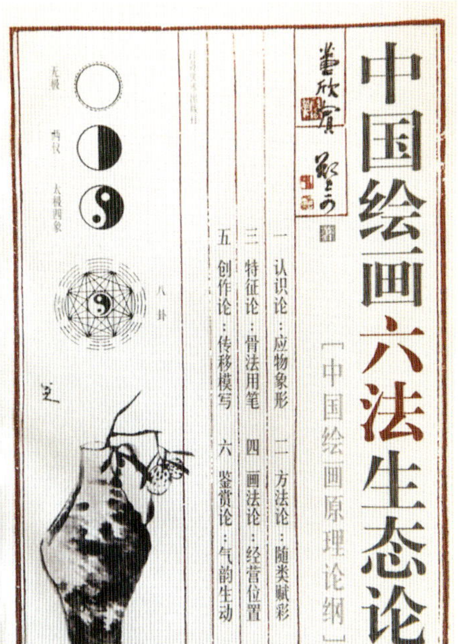

上：《中国绘画对偶范畴论》（江苏美术出版社1989年版）
下：《中国绘画六法生态论》（江苏美术出版社1998年5月第3次印刷）

1991 年 辛未 53 岁

是年，在"天地居"作《平远山水图轴》、《线勾罗汉图》、《湖光秋色图轴》、《独自游秋山图轴》、《清品不群图轴》等。

1 月，《中国绘画对偶范畴论》获江苏省哲学社会科学优秀成果三等奖。

同年，第 3 期《文艺研究》发表凝寒（陈孝信）介绍《中国绘画对偶范畴论》文章。

同年，第 3 期《江海学刊》发表陈同高文章《中国绘画美学的构建与开拓——读＜中国绘画对偶范畴论＞与＜中国绘画六法生态论＞》。

同年，第 6 期《江苏画刊》发表董欣宾、郑奇、牟国良文章《论"0"的美学——中国画原理探索》，并刊发董欣宾《乞丐像图》和《现代道士吃喝图》等作品。

10 月 8 日，《人民日报》（海外版）发表董欣宾文章《读刘典章书法》及其中国画作品。

横向多元进化论

董欣宾　郑　奇

内容提要　达尔文进化论认为人猿同祖、物种同源，仅仅是由于外因（自然选择）的作用，才导致了同种变异。本文称这种进化模式为"纵向单元进化论"。

作者从哲学、自然科学和中国传统观念等方面作综合考察，发现达尔文主义是有严重缺陷甚至是错误的。首先，单祖（元）论不符合矛盾普遍律，自然选择论也不符合内、外因辩证统一观。其次，从迄今发现以及实验室模拟复制的原始有机分子（最早的生命种子）来看，物种也是多元多祖，而不是单元单祖。这些现代辩证和实证与中国《周易》"天地人"观念完全吻合。因此，必须用"横向多元进化论"取代达尔文主义。

纵向单元进化论及其缺陷

文化的主体是人，是人类。文化之产生和发展的规律，不可能不与人类演进的规律相吻合，因此我们对人类文化的研究，也不能不以人作为出发点和归宿。

人类是怎样产生的？在这一问题上，迄今为止，占统治地位的理论仍是以达尔文主义为基础的进化论。

1858年，达尔文（Charles Darwin）和华莱士（Wallace）在英国林奈学会宣读了关于生物进化的论文；第二年，达尔文《物种起源》一书出版。这两年，特别是1859年，便作为进化论完全成熟的标志载入了人类思想发展的史册。一百多年来，达尔文主义虽然经种种磨难，而总的趋势却是石破天惊，震撼全球。一方面如洪水猛兽，以铺天盖地之势冲垮了"特创论"；另一方面又如春风化雨，一天天深入人心。人类对达尔文主义，起而抵制，继而半推半就，终至于完全就范。无数的文化人类学家、考古学家、地质学家、生物学家、历史学家和哲学家们相继的研究、阐述、论证，尤其是分子生物学在近现代的突飞猛进，新达尔文主义对达尔文主义的不断完善、综合进化论的出现，到今天，凡有科学头脑的的人，几乎无不坚信：人类的直系祖先是猿，猿和一切动物的直系祖先都是植物，植物则起源于更原始的有机分子，有机分子起源于无机分子，也就是说，无机分子以单一的模式化合成了单一的有机分子。这样，大千世界无数生命体便被认为源出于同一的生命种子，人和兽、动物和植物、有机物和无机物，原来是同一"家族"，同一"血统"。基于这一认识，形成了所谓"生命树"假说，即认为：由同一种子在漫长的时间中，因外界环境的变化而

51

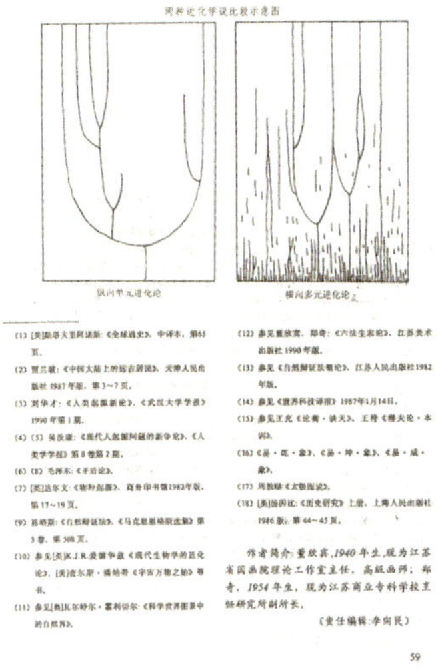

(1) [美]斯塔夫里阿诺斯：《全球通史》，中译本，第65页。
(2) 贾兰坡：《中国大陆上的远古居民》，天津人民出版社1987年版，第3～7页。
(3) 刘华才：《人类起源新论》，《武汉大学学报》1990年第1期。
(4) (5) 吴汝康：《现代人起源问题的新争论》，《人类学学报》第8卷第2期。
(6) (8) 毛泽东：《矛盾论》。
(7) [英]达尔文：《物种起源》，商务印书馆1983年版，第17～19页。
(9) 恩格斯：《自然辩证法》，《马克思恩格斯选集》第3卷，第508页。
(10) 参见[英]K.J.R.爱德华兹《现代生物学的进化论》，[美]查尔斯·播纳格《宇宙万物之始》等书。
(11) 参见[德]瓦尔特尔·霍利切尔：《科学世界图景中的自然界》。
(12) 参见董欣宾、郑奇：《六法生态论》，江苏美术出版社1990年版。
(13) 参见《自然辩证法概论》，江苏人民出版社1982年版。
(14) 参见《世界科技译报》1987年1月14日。
(15) 参见王充《论衡·谈天》、王符《潜夫论·本训》。
(16)《易·乾·象》、《易·坤·象》、《易·咸·象》。
(17) 周敦颐《太极图说》。
(18) [英]汤因比：《历史研究》上册，上海人民出版社1986年版，第44～45页。

作者简介：董欣宾，1940年生，现为江苏省国画院理论工作室主任、高级画师；郑奇，1954年生，现为江苏商业专科学校东（？）锜研究所副所长。

（责任编辑：李向民）

59

1991年10月8日　星期二　第7版　人民日报（海外版）　副　刊

匡庐莲溪（中国画）　董欣兵

讀劉典章先生書法

董欣賓

若從造型藝術的角度論劉典章先生的書法，則處處是新境，筆下多姿，往往一變一形，一形一象，一象一理，從這裏溯本追源，可以窺見劉先生書法的特殊性。

劉先生少入私塾，臨習古碑帖面頗廣，傳統的啓蒙奠定了他書法的文化基礎。五十年代他就讀於中央美術學院，明暗素描畫得規範典雅，油畫則心裁自別於衆，用冷灰色的對比，相襯出中國式的單純色彩，抒情而沉鬱，表現出極好的感覺和極高的藝術素養。

起點一高，落點便也必不後人。

他從造型這一審美層面上求進退，在書體、書形、書法上求微探奥，因而處處得宜而又筆筆不離規矩格局，若顧身……因而新構隨手而生。

大法的求整，促使字法外廓必求其簡，因此運筆便要求壓力提動，竭盡細處頓挫，提轉折波都要在縝密疏簡的矛盾裏求進出，中偏得宜，枯潤互化，若秋風頓逆間飄搖的紅葉和果實之落地，輕重自分，快慢各別，字面節奏便不求而成。在這方面，他是成功的。

這種成功，當然不能說完全是他心求而得，造型藝術總是視覺藝術，其在江蘇，林散之老人便是個中聖手巨擘。林老處世淡泊、出手濃潤的書風，給他以莫大的影響。那平中見奇的含蓄，淡求濃發的強烈個性，若驚鴻飛天、野鶩入林的野逸，種種折釵、劍脊、飛白、圓柱成熟的筆法使用，劉先生自然如嘗甘露，佩服並且能深入其陰陽平串、虛實兼合的世界中去，求取己所欲得的一切，並且舍表求神，得魚忘筌，絕不亦步亦趨。

就書的外貌而論，他喜歡畫家的書法，喜歡從許多的古畫的題跋中去兼求，尤其是賓虹老缶的形象，自如的伸縮，枯潤華茲而有大氣堂的美感，都爲他日揣夜撫，思悟如懸，因而使劉先生的書法豐美璣厚中顯得靈動秀氣，軼如偏架間又透出不拘一格的隨意。

他的手札尤見其書風的典型。已經到了一個極高的審美序列，乘明清藝舟的見遠識廣，加上深厚的造型學養，自然而然地行金石鼎彝之境，舍借麗之表而出宋背唐，渾然迴回，體勢自成。

劉先生比之書壇一些名家已是難分上下，我這樣說，他便笑笑答曰，寫着玩玩，管它世外春秋，內心實惠而已……

左：1991年，与夫人在南京鸡鸣寺留影
上：1991年，《江海学刊》第3期刊载董欣宾、郑奇文章《横向多元进化论》
下：1991年10月8日，《人民日报》（海外版）发表董欣宾文章《读刘典章先生书法》及其作品

理论探讨

论“O”的美学

——中国画原理探索

董欣宾、郑奇、牟国良

一、美的定义与“O^{+}”和“O^{-}”

一九八二年，董欣宾提出“最佳数布引起的最佳感受就是美。”这一判断，包含了五大构成要素：

1.审美主体：即引起最佳感受的人对数客体的心理完成；

2.审美客体：即数布的载体；

3.主、客体之联系；

4.美的形式：即数布的存在状态；

5.美的特征：以最佳状态作为审美理想，引起的主体心理的相对最佳感受。

值得注意的是“最佳”二字。何谓“最佳”？各有各的标准。有客观的因素，更有主观的因素。每一个审美主体都有独特的审美性格，即自己的最佳感受，包括美的创造者对数布的最佳追求，以及作者、欣赏者因数布引起的最佳心理效应，即保持个体特异的最佳感受。

这种最佳可能是客观的最佳的数布存在所引起的最佳主体心理感应，即主客体间的相应、相一致；也可能有某些不一致：即客观上是最佳数布，主观上也是最佳感受；或两者都是主客观性的表现。前者较难发生在创造主体与审美体间；后者则易见于创造主体的自身心理间。即最佳感受可能与审美对象一致，也有可能逆反。因此，最佳数布与最佳感受都存在着绝对性与相对性。有时是具有绝对意义的相对性的表现，有时是具有相对意义的绝对性的表现，但多数是相对性，而绝对性只不过是一种审美理想而已。因此，这个判断语所表达的内容，即绝对性，大都只能相对地存在。这个绝对性实质是一个终极概念，是“O”。

当然，这里面也包含着无数的“最佳之次佳”、“次佳之最佳、”“次佳之次佳”直至不佳。即最佳的另一极端——“丑”，它是通向美的起点，也是“O”。

这两个O之间的漫长数系列，反映了美的全部等次，但人对于最佳，即美的最高等第的追求，永远是人性向真、善的美的冲动力。

应当指出：这种绝对即最佳(最美)与最丑一样，几乎是没有的，或者说，在现实世界中是不存在的。但是，最佳所表现的理想却是一切艺术家和美的创造者奋斗的目标。永远没有顶峰，然而顶峰的追求表现着人类向真、向善、向美的全部庄严品格。这也体现了以上定义中采用的“最佳”一词的生命力度。

定义的度量关键是数布，即质的表现是数布的结果。

任何美的存在，都是一系列“数”的分布构成的结果。即数的纵横向列序。任何存在，也都是“数”的形式存在：高、低、胖、瘦、聚、散、开、合、黑、白、冷、暖、大、小、长、短、缓、急、深、浅……一切都是局部与局部、局部与整体、整体与更大的整体之间的关系，都是“数”的布局、“数”的系统、“数”的信息、“数”的协同、“数”的耗散、“数”的突变、“数”的控制。“数”是怎样的布局，怎样地去布局，构成了全部真善美的形式的秘奥。

美，正是这“数”秘奥的一个特殊范畴。

中国画家仰观俯察，远取近求；远取诸物，近取诸心；至随类赋彩、置陈布势，便是这种“数”的体悟追求，即“数”的美的感受与创造。所谓外师造化，中得心源，全部艺术追求便是认识数布和实践数布。

本文着重介绍定义中客观美的数布性格即内容，亦即揭示美的规律。在这一范畴的表述中，通向美的起点——丑是一个O，姑且称之为“O^{+}”(零正)；由美通向丑的起点也是一个O，即“O^{-}”(零负)，美与丑之间是有临界性的。反映这临界性的临界点构成了第三个“O”，即不带“+”“−”的中性的O。这样，就成了三个“O”。

二、美丑的临界点——第三个“O”

美与丑的形式范畴，实质是数布的效应性表达。说得通俗些，是数布的合理与不合理。当然这种通俗说法不免带有了绝对性。

图一之水平线上有杨树一株，本来它显得冷落单调，但如果在树的另一端有有一头水牛，天上有一飞鸟，便显得十分和谐与协调(图二)。这和谐、协调是由视距与牛、鸟、树之间的距离所产生的。但牛若继续向前走，鸟也继续向远飞，虽视距不变，但由于间距的变化，画面便失去了原先的协调与和谐(图三)。是什么决定了这协调与和谐的产生，又是什么破坏了这和谐与协调呢？显然是数布。

再举一例，印度妇女喜欢在额角双眉间点上一颗“红痣”，中国塑造佛像时，为表现佛的慈慧，也在这一部位按上“痣”，甚至以金银珠宝镶嵌。可见在信徒们的感觉上，这一数布是美的(最佳的)，能引起人们共同的美感反映。但这颗痣如果位置长错，长到鼻尖上，或颧骨上，就不美了，甚至说很丑(见图四、图五)。

牛、树、鸟三者位置的变化由美到丑、以及眉心痣到鼻尖痣的位置变化之由美到丑，这当中有个临界点。尽管这个临界点常常带有主观性而因人而异，但它是绝对存在着的。数布的内容包括物象(牛、树、鸟、痣等等)的质量(浓度、彩度、明度、体积、所占空间的大小等等)、物象与物象之间的距离关系、比例关系以及由这些关系所构成的整体的平衡感。数布的恰到好处就是美的数布。例如面痣，就质量而言，太小则看不见，太大则如疱或瘤，不大又不小，才是美，这美与丑之间无疑是个临界点，即大与小的程度达到恰好，使人感到大一点就嫌大，小一点就嫌小，所谓“过犹不及”。面痣与五官之间的比例位置关系亦然，偏左不行，偏右不行，偏上不行，偏下不行，恰好为美，即最佳。美丑的临界点因人、因时、因地而异，是相对的。但每人、每时、每地都有一个美丑的临界点，从这点看，又是绝对的。

三、图案美和绘画美的临界点初探

中国的“米字格”最有助于我们对构图学中临界点的理解。

1991年，《江苏画刊》第6期刊载董欣宾、郑奇、牟国良合写《论“O”的美学——中国画原理探索》

米字格是初学书法者借以训练间架(即笔划的数布)的一种工具,它可以说清楚中国画构图学中最精微的美学原理。

图六所示:

米字格中两根斜线(AB、CD)直达四角(∠A、∠B、∠C、∠D),具有向外扩散的张力,两根直线(EF,GH)因受四边(AD、AC、BC、DB)的约范,具有一种向内聚合的敛势,其势直达米字格的中心点O。这样一个米字格,开中有合,合中有开,聚中有散,散中有聚,张中有敛,敛中有张,开—合、聚—散、张—敛,各种力量,相反相成,并且完全抵销,达到平衡,力的数值等于O。即,假如我们把米字格看作是一个直角坐标系,向上向右为正,向下向左为负,中间是O,那么,这样一个坐标系整体的数值正好等于O,在构图上即为平衡。因此可以说:

平衡力=O。这是“米”的数学式。

米字格的这种直接的平衡是一般图案美的数布方法。

由于米字格构局的完全平衡性,那么,我们再在米字格中进行点划的数布实验(图七):

我们在左上角(AHOF区域内)点上一点“I”,I点不在正负的临界点O上,因此,平衡力≠O,构图也就失去了平衡之势。由于E′I>F′I,因而向上压迫的力特强,使I点具有了上行之势;又由于这一原因,I点还具有左行之势。这时,假如我们在右上角(FOGC区域内)的相对应位置上也加一个同样大的点,那么,左行势和右行势相抵销,但仍具有强烈的上行势。又由于两点离O点较远,而形成一种开张之势。反之,这两点距O点越近,则呈聚合势。

假如我们不在右上角加一点,而在右下角加两点(K、L),K、L的中心点是O′,O′、I这两点在米字格中达到了新的平衡(力的数布值=O)(图八)。

书法和绘画的整个布局就是力图打破米字格的图案性平衡,建立起一种不平衡的平衡的数布活动。因为书法家和画家不能象工艺绘画作者那样依靠规矩去计算刻划,只能是信手挥洒,因而,书法绘画的构图平衡呈现这样的情况:

1.数布的值很难绝对等于O,一般只能约等于O(≈O)。

2.数布的方法不是凭计算,而是凭当时的直觉,凭着大脑中已经形成的一种平衡性敏感(也可说是画家感觉良莠的标志)。

因此我们对这种规律的揭示,绝对不是要求书画家们去计算着进行创作,而是在知其所以然之后,去有意识地训练自己的平衡感,临到创作时,才能一挥而就,进入“最佳”数布。

真正善于构图的人,在米字格中点上若干点,“疏可走马,密不可容针”,时开时合,时聚时散,力都能最终归于或近于平衡(=o,或≈O)。如不平衡,构图便产生缺陷,或谓不会构图、或谓构图的失败,结果是与美的创造愿望背反。我们把I、J、K三点作为一种化简了的绘画性构图,把米字格本身作为一种标准化的图案构图,则可以看出:图案平衡多数=O,绘画平衡力多数≈O。一张画上,尽管没有米字格。但无形之中已受着米字格原理的约范。在这种约范下形成各种势:左行势、右行势、上行势、下行势、右上行势、上左行势、右下行势、下右行势……,势的产生打破了平衡,而总体的布局就设法挽救这种平衡,挽救的结果:既保持了势,又达到了平衡,这就是绘画构图美的秘奥之一,中国画家常常借用题跋印章来取得平衡弥补缺陷。如图九,我们假设了在J点画一块大石头,在k点画一块上石头,构图便呈下右行势,失去平衡,那么,我们在I点钤一图章,构图便平衡了(图九)。

当然,仅仅是I、J、K三点,是比较容易把握的。事实上,力的数布情况比这要复杂得多。例如,“点”(包括线、形)有大小之分、有浓淡之别、有空心实心之异、有青黄赤白黑的色彩之差,有形的千变万化,这使得点的质量难以把握,力的值也难以计算。但优秀画家的敏感在这方面有着天才的能力。且力的平衡原理始终是不变的。在宇宙空间中。那么多的卫星、行星、恒星、星系团……它们也有大有小、有疏有密、有近有远,但相互之间的引力达到了总体性的绝对平衡(=O),稍不平衡,宇宙将全线崩溃不可收拾。宇宙数布曾使爱因斯坦惊诧莫名,几乎陷入有神论。的确,我们在夜空中仰望星辰,无论怎么看,数布总是美的。上帝啊! 造物主,你的高超是人类难以想象的。

值得进一步分析的是数布美丑的临界点:

让我们来看图十,在米字格ADBC中,A′D′B′C′是格中的小米字格,那么,A′D′B′C′方框向内,呈聚合势,向外则成开散势,A′D′B′C′方框上任何一点都是聚—散、开—合的临界点。临界点为O,聚之极则为“O^-”,开之极则为“O^+”。

聚或散都会形成一种美的数布,但必须聚散得宜,恰到好处。如果聚之过分或散之过分,都会反美为丑。图九中,在A′D′B′C′方框之外布上点,便开之过分,使开中无合,故不美。因此,写书作画,没有以米字格周边作为数布重点的;另外,A″D″B‴C‴方框向内,聚之过分,有聚无散,拘泥局促,点划布于其中,也不美。因此写书作画,也没有以中心作重点布局而不达周围的。这样,A′D′B′C′方框上任何一点都是散势构图中美与丑的临界点;A″D″B‴C‴方框上任何一点都是聚势构图中美与丑的临界点。当然,米字格是正方形的,而中国书画布局大多不是正方形,但米字格的道理却存在于一切形之中,无论中堂、条幅、手卷、团扇、折扇,任何形,最美的数布都是使平衡(下转44页)

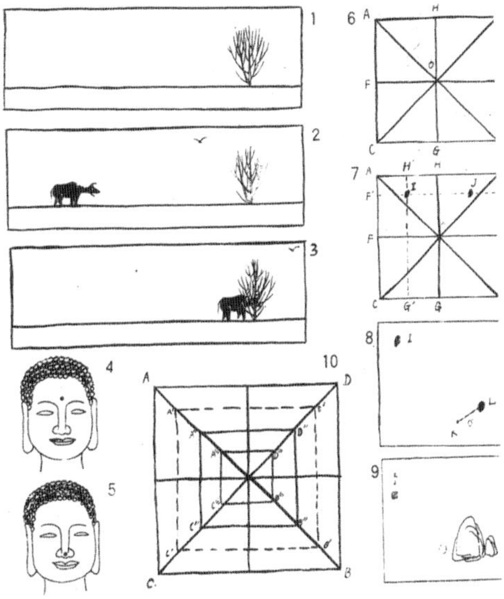

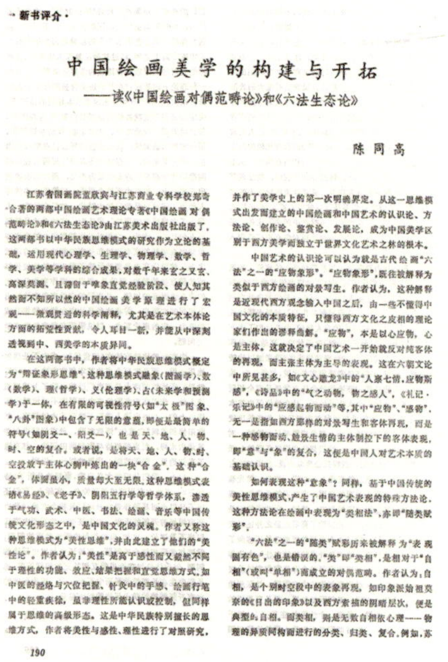

·新书评介·

中国绘画美学的构建与开拓

——读《中国绘画对偶范畴论》和《六法生态论》

陈同高

江苏省国画院董欣宾与江苏商业专科学校郑奇合著的两部中国绘画艺术理论专著《中国绘画对偶范畴论》和《六法生态论》由江苏美术出版社出版了。这两部书以中华民族思维模式的研究作为立论的基础，运用现代心理学、生理学、物理学、数学、哲学、美学等学科的综合成果，对数千年来玄之又玄、高深莫测、且滞留于唯象直觉经验阶段、使人知其然而不知所以然的中国绘画美学原理进行了宏观——微观贯通的科学阐释，尤其是在艺术本体论方面的拓荒性贡献，令人耳目一新，并能从中深刻透视到中、西美学的本质异同。

在这两部书中，作者将中华民族思维模式概定为"辩证象形思维"。这种思维模式融象（图画学）、数（数学）、理（哲学）、义（伦理学）、占（未来学和预测学）于一体，在有限的可视性符号（如"太极"图象、"八卦"图象）中包含了无限的意蕴，即便是最简单的符号（如阴爻--、阳爻—），也是天、地、人、物、时、空的复合，或者说，是将天、地、人、物、时、空投放于主体心胸中炼出的一块"合金"。这种"合金"，体园虽小，质量却大至无限。这种思维模式表诸《易经》、《老子》、阴阳五行学等哲学体系，渗透于气功、武术、中医、书法、绘画、音乐等中国传统文化形态之中，是中国文化的灵魂。作者又称这种思维模式为"美性思维"，并由此建立了他们的"美性论"。作者认为："美性"是高于感性而又截然不同于理性的功能、效应、结果把握和直觉思维方式。如中医的经络与穴位把握、针灸中的手感、绘画行笔中的轻重疾徐，虽非理性所能认识或控制，但同样属于思维的高级形态。这是中华民族特别擅长的思维方式，作者将美性与感性、理性进行了对照研究，并作了美学史上的第一次明晰界定。从这一思维模式出发而建立的中国绘画和中国艺术的认识论、方法论、创作论、鉴赏论、发展论，成为中国美学区别于西方美学而独立于世界文化艺术之林的根本。

中国艺术的认识论可以认为就是古代绘画"六法"之一的"应物象形"。"应物象形"，既往被解释为类似于西方绘画的对景写生。作者认为，这种解释是近现代西方观念输入中国之后，由一些不懂得中国文化的本质特征，只懂得西方文化之皮相的理论家们作出的谬释曲解。"应物"，本是以心应物，心是主体。这就决定了中国艺术一开始就反对纯客体的再现，而主张主体为主导的表现。这在六朝文论中所见甚多，如《文心雕龙》中的"人禀七情，应物斯感"，《诗品》中的"气之动物，物之感人"，《礼记·乐记》中的"应感起物而动"等，其中"应物"、"感物"，无一是指如西方那样的对景写生和客体再现，而是一种感物而动、触景生情的主体制控下的客体表现，即"意"与"象"的复合，这便是中国人对艺术本质的基础认识。

如何表现这种"意象"？同样，基于中国传统的美性思维模式，产生了中国艺术表现的特殊方法论。这种方法论在绘画中表现为"类相法"，亦即"随类赋彩"。

"六法"之一的"随类"赋彩历来被解释为"表现固有色"，也是错误的。"类"即"类相"，是相对于"自相"（或叫"单相"）而成立的对偶范畴。作者认为：自相，是个别时空段中的表象再现，如印象派始祖莫奈的《日出的印象》以及西方素描的阴暗层次，便是典型的自相。而类相，则是无数自相依心理——物理的异质同构而进行的分类、归类、复合。例如，苏

190

1991 年，《江海学刊》第 5 期刊载陈同高文章《中国绘画美学的构建与开拓——读＜中国绘画对偶范畴论＞和＜六法生态论＞》

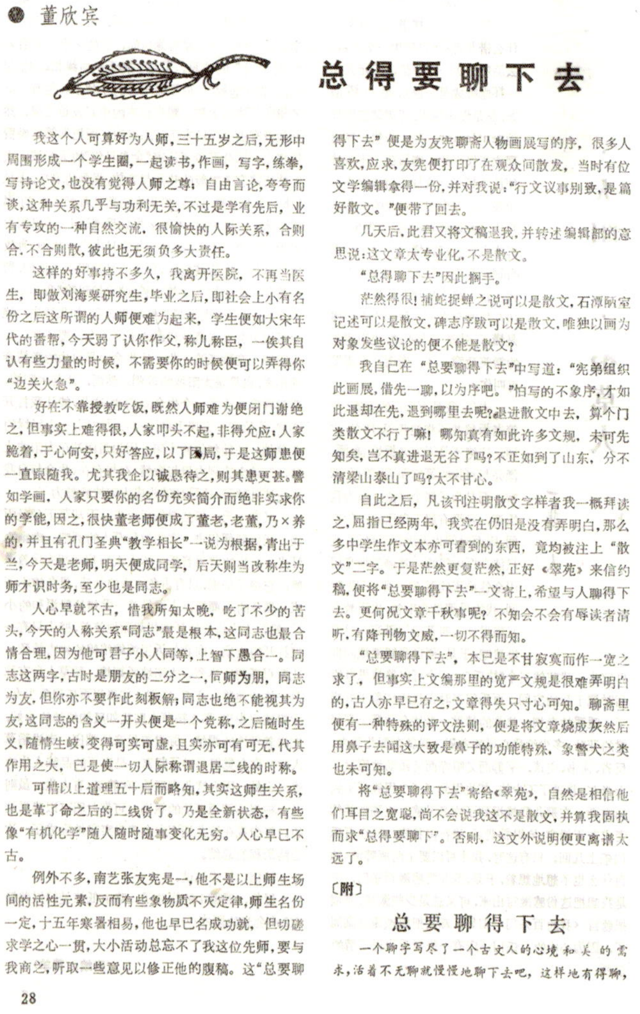

董欣宾

总得要聊下去

我这个人可算好为人师，三十五岁之后，无形中周围形成一个学生圈，一起读书，作画，写字，练拳，写诗论文，也没有觉得人师之尊；自由言论，夸夸而谈，这种关系几乎与功利无关，不过是学有先后，业有专攻的一种自然交流，很愉快的人际关系，合则合，不合则散，彼此也无须负多大责任。

这样的好事持不多久，我离开医院，不再当医生，即做刘海粟研究生，毕业之后，即社会上小有名份之后这所谓的人师便难为起来，学生便如大宋年代的番帮，今天弱了认你作父，称儿称臣，一俟其自认有些力量的时候，不需要你的时候便可以弄得你"边关火急"。

好在不靠授教吃饭，既然人师难为便闭门谢绝之，但事实上难得很，人家叩头不起，非得允应；人家跪着，于心何安，只好答应，以了困局，于是这师患便一直跟随我。尤其我企以诚恳待之，则其患更甚。譬如学画，人家只要你的名份充实简介而绝非实求你的学能，因之，很快董老师便成了董老，老董，乃×养的，并且有孔门圣典"教学相长"一说为根据，青出于兰，今天是老师，明天便成同学，后天则当改称生为师才识时务，至少也是同志。

人心早就不古，惜我所知太晚，吃了不少的苦头，今天的人称关系"同志"最是根本，这同志也最合情合理，因为他可君子小人同等，上智下愚合一。同志这两字，古时是朋友的二分之一，同师为朋，同志为友，但你亦不要作此刻板解；同志也绝不能视其为友，这同志的含义一开头便是一个党称，之后随时生义，随情生岐，变得可实可虚，且实亦可有可无，代其作用之大，已是使一切人际称谓退居二线的时称。

可惜以上道理五十后而略知，其实这师生关系，也是革了命之后的二线货了。乃是全新状态，有些像"有机化学"随人随时随事变化无穷。人心早已不古。

例外不多，南艺张友宪是一，他不是以上师生场间的活性元素，反而有些象物质不灭定律，师生名份一定，十五年寒暑相易，他也早已名成功就，但切磋求学之心一贯，大小活动总忘不了我这位先师，要与我商之，听取一些意见以修正他的腹稿。这"总要聊得下去"便是为友宪聊斋人物画展写的序，很多人喜欢，应求，友宪便打印了在观众间散发，当时有位文学编辑拿得一份，并对我说："行文议事别致，是篇好散文。"便带了回去。

几天后，此君又将文稿退我，并转述编辑部的意思说：这文章太专业化，不是散文。

"总得聊下去"因此搁手。

茫然得很！捕蛇捉蝉之说可以是散文，石潭陋室记述可以是散文，碑志序跋可以是散文，唯独以画为对象发些议论的便不能是散文？

我自已在"总要聊得下去"中写道："宪弟组织此画展，借先一聊，以为序吧。"怕写的不象序，才如此退却在先，退到哪里去呢？退进散文中去，算个门类散文不行了嘛！哪知真有如此许多文规，未可先知矣，岂不真进退无谷了吗？不正如到了山东，分不清梁山泰山了吗？太不甘心。

自此之后，凡该刊注明散文字样者我一概拜读之，屈指已经两年，我实在仍旧是没有弄明白，那么多中学生作文本亦可看到的东西，竟均被注上"散文"二字。于是茫然更复茫然，正好《翠苑》来信约稿，便将"总要聊得下去"一文寄上，希望与人聊得下去。更何况文章千秋事呢？不知会不会有辱读者清听，有降刊物文威，一切不得而知。

"总要聊得下去"，本已是不甘寂寞而作一宽之求了，但事实上文编那里的宽严文规是很难弄明白的，古人亦早已有之，文章得失只寸心可知。聊斋里便有一种特殊的评文法则，便是将文章烧成灰然后用鼻子去闻这大致是鼻子的功能特殊，象警犬之类也未可知。

将"总要聊得下去"寄给《翠苑》，自然是相信他们耳目之宽聪，尚不会说我这不是散文，并算我固执而求"总得要聊下"。否则，这文外说明便更离谱太远了。

〔附〕

总要聊得下去

一个聊字写尽了一个古文人的心境和美的需求，活着不无聊就慢慢地聊下去吧，这样地有得聊，

28

1991 年，《翠苑》第 6 期刊载董欣宾文章《总得要聊下去》

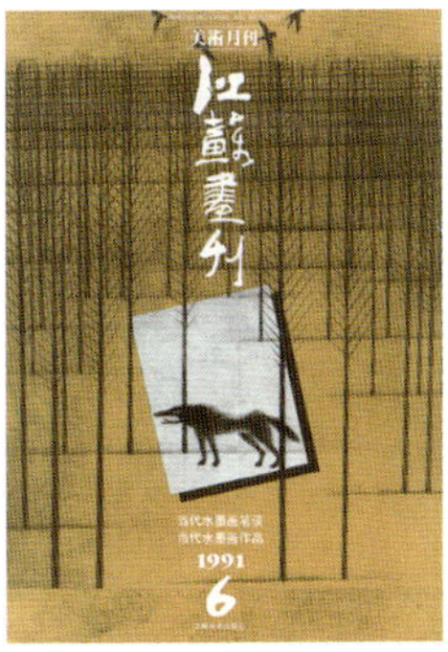

画家介绍

二刚小议

道平　苏凌

京口好友刘二刚，字梦铁，居李家大山，为人厚重质朴寡然诺，多思少言。相交廿余年，书画唱酬无数，往来频频，然言不及利言，语不侵他人，淡淡而来，淡淡而去。恰如其赠画中所题："相见亦无事，不见常忆君。"平日情之所钟，书画而已。朱葵兄为其造像："名曰刚，但生就一副白皙面相；作画粗犷，性格却文质彬彬；不善言辞，却好在画上长题短跋；作品意境古朴深奥，画风反求稚拙通俗；待人处事随和近呆，艺术上却'一意孤行'，……"颇得其神。

二刚极聪颖，又极勤奋，少时失学，及长亦未进过专业艺术院校，昔曾屡屡以油画、宣传画、年画、连环画创作博得同伴们的敬佩及专家的首肯，然其魂萦梦绕，终在黑白一途，卅余载，锲而不舍，孜孜以求于水墨世界。平日诗文史哲，民俗神话，广取博收，生性喜拙不喜巧；喜怪不喜平；爱简不爱繁。自云"有感于人生悲剧，于是画境转冷，剑气暗消，无言亦狂，画法愈偏"，作品看似乱头粗服，随意涂抹，实则机锋处处，可谓大巧者也。近年画艺精进，用笔独到，既有文人画之洒脱，又有民间画之天真，结构布白颇见匠心，尤为难得的是他将那貌似粗疏的点线尽皆溶入情感的渲泻之中，率真地表达出画时的心境。画中有"酒逢知己千杯少"的狂喜，有"疲驴听声"的自嘲，有"夜入深山恍如见鬼神"的不安，更有"除尽烦恼"的豁达。他对艺术精益求精，故在画中出现了"盲人摸象"的苦恼，"山穷水尽疑无路"的感叹，和"道大行为拙，心宽意自平"的追求和自慰。他把上下几千年的故事和身边琐事随感，缘机而发，楔入画中，亦庄亦谐，亦正亦邪，尽情道出，画中渗出一股浓浓的文化气息，如让人含了一枚橄榄，越品越觉其味隽永。

二刚的尺幅小品，信马由缰，似文人墨戏，其实幅幅皆是以身许艺，以命相搏。长期探索的艰辛，个中的苦恼、喜悦又向谁诉？有人说江南画人小品虽好，总感缺乏力作和深度，此说不敢苟同，艺术的生命在于情感的真挚深厚，见解的深刻独到及画品的高低、气质的清浊，与尺幅大小何干？岂不闻"寸步匕首，不让万马千军。"正因小品少做作，无遮拦，舒胸臆，得真情，才更具艺术的感染力，君不见文革期间名噪一时的画作，幅幅皆系鸿篇巨制，可惜皆因情假画空，今日又剩几何？即以上下古今数千年优秀绘画而论，又岂分小品与力作。

在阁中"。他始终在寻求："小时爱捉自己的影子，捉不到，见者大笑。后来把镜子打破了，变成许多个影子，更难捉了。今天，又把打碎的影子慢慢拼合起来，还没有拼好。"我们相信他会永远真诚地探索下去的。虽然这是一件十分困难的事，但对于"一意孤行"的二刚，我们又何须多言？

刘二刚与江苏各派绘画

董欣宾

我为二刚画集写的绪言中有如下句："近岁潜心诗文，书画亦更于凝炼处用意。他说曾学八大、金冬心，我看不出有什么形迹相似，他说学白石、丰子恺，我也看不出有什么内在的联系，近来又有人说似方召麐，我觉得此说太肤浅。我只觉得他的书画有些象镇江山川的骨相，平淡中时出奇崛之境，有一种江天寥漠的气象零然飘于他的笔墨之间，虚空浩渺的玄境和亦庄亦谐的浓情厚趣便可以意勉而难实得。能于简拙空远间出一股深、冷、俏、峭之气，是十分难得的。宋代的马远、清代的汪之瑞应属此中有妙悟者。咫尺间大江放舟，着笔着墨经心到不留意迹，完全是素朴的天性表达，本貌写照。摄江天本气而遥彻心灵，江流万里，波天相涌的大概都似在不愤中随意收发。我一向认为，纯佛无禅，纯道无玄，中国精神的近世态本不是纯西或纯本的增减搬砌。"以上所言是对他画的审美直感，未存涉及体例的剖解，那也是很明白二刚性格中不爱"闲儿论价"的那一部份缘故吧。

二刚的画不是纯真的漫画，但的确也具有许多漫画的特征，或说表现手法，有一些竟也可划归漫画；因之说其是中国传统本体型水墨绘画也自然失之粗浅，但其作山水，花鸟又比较接近传统型的本体，尤其是作点勾线，其要求显然是具有传统水墨画的质性的，我们故且称其为边缘性绘画吧。

这种不三不四的画为近世新种，也可以说是中国漫画、水墨画的亚种，朱新建、王孟奇、周京新、徐乐乐、马小娟的人物画多多少少也有一些这类倾向，或偶而也有这么一张二张，但都是偶见即收，二刚则是认认真真，出左入右地追索之寻觅着，化尽了无量圆月好花，锲而不舍。

纵观江苏山水，从四九年到六七年，从六七年到今天算两个大段，其中八五美术运动算一小节，横观则历来分二大派系。

1991年，《江苏画刊》第6期刊载董欣宾文章《刘二刚与江苏各派绘画》

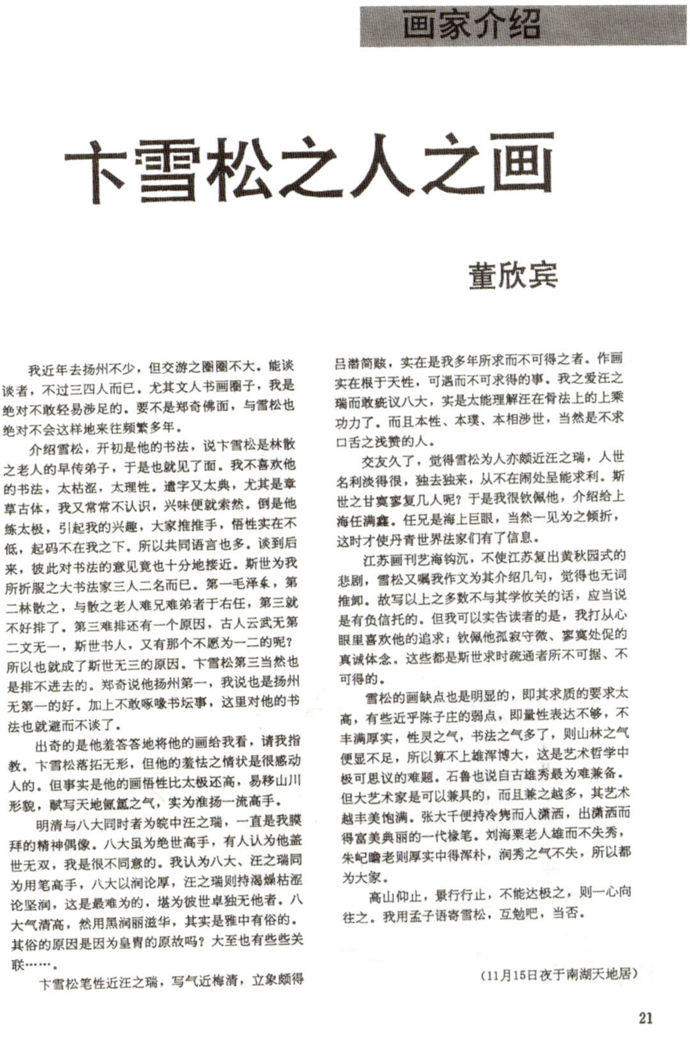
画家介绍

卞雪松之人之画

董欣宾

我近年去扬州不少，但交游之圈圈不大。能谈谈者，不过三四人而已。尤其文人书画圈子，我是绝对不敢轻易涉足的。要不是郑奇佛面，与雪松也绝对不会这样地来往频繁多年。

介绍雪松，开初是他的书法，说卞雪松是林散之老人的早传弟子，于是也就见了面。我不喜欢他的书法，太枯涩，太理性。遣字又太典，尤其是章草古体，我又常常不认识，兴味便就索然。倒是他练太极，引起我的兴趣，大家推推手，悟性实在不低，起码不在我之下。所以共同语言也多。谈到后来，彼此对书法的意见竟也十分地接近。斯世为我所折服之大书法家三人二名而已。第一毛泽东，第二林散之，与散之老人难兄难弟者于右任，第三就不好排了。第三难排还有一个原因，古人云武无第二文无一，斯世书人，又有那个不愿为一二的呢？所以也就成了斯世无三的原因。卞雪松第三当然也是排不进去的。郑奇说他扬州第一，我说也是扬州无第一的好。加上不敢啄喙书坛事，这里对他的书法也就避而不谈了。

出奇的是他羞答答地将他的画给我看，请我指教。卞雪松落拓无形，但他的羞怯之情状是很感动人的。但事实是他的画悟性比太极还高，易移山川形貌，赋写天地氤氲之气，实为淮扬一流高手。

明清与八大同时者为皖中汪之瑞，一直是我膜拜的精神偶像。八大虽为绝世高手，有人认为他盖世无双，我是很不同意的。我认为八大、汪之瑞同为用笔高手，八大以润论厚，汪之瑞则持渴燥枯涩论坚润，这是最难为的，堪为彼世卓独无他者。八大气清高，然用黑润丽滋华，其实是雅中有俗的。其俗的原因是因为皇胄的原故吗？大至也有些些关联……。

卞雪松笔性近汪之瑞，写气近梅清，立象颇得吕潜简赅，实在是我多年所求而不可得之者。作画实在根于天性，可遇而不可求得的事。我之爱汪之瑞而敢疵议八大，实是太能理解汪在骨法上的上乘功力了。而且本性、本璞、本相涉世，当然是不求口舌之浅赞的人。

交友久了，觉得雪松为人亦颇近汪之瑞，人世名利淡得很，独去独来，从不在闹处呈能求利。斯世之甘寞寥复几人呢？于是我很钦佩他，介绍给上海任满鑫。任兄是海上巨眼，当然一见为之倾折，这时才使丹青世界法家们有了信息。

江苏画刊艺海钩沉，不使江苏复出黄秋园式的悲剧，雪松又嘱我作文为其介绍几句，觉得也无词推卸。故写以上之多数不与其学攸关的话，应当说是有负信托的。但我可以实告读者的是，我打从心眼里喜欢他的追求；钦佩他孤寂守微、寥寞处促的真诚体念。这些都是斯世求时疏通者所不可据、不可得的。

雪松的画缺点也是明显的，即其求质的要求太高，有些近乎陈子庄的弱点，即量性表达不够，不丰满厚实，性灵之气，书法之气多了，则山林之气便显不足，所以算不上雄浑博大，这是艺术哲学中极可思议的难题。石鲁也说自古雄秀最为难兼备。但大艺术家是可以兼具的，而且兼之越多，其艺术越丰美饱满。张大千便持冷隽而入潇洒，出潇洒而得富美典丽的一代椽笔。刘海粟老人雄而不失秀，朱屺瞻老则厚实中得浑朴，润秀之气不失，所以都为大家。

高山仰止，景行行止，不能达极之，则一心向往之。我用孟子语寄雪松，互勉吧，当否。

（11月15日夜于南湖天地居）

21

1991年，《江苏画刊》第11期刊载董欣宾文章《卞雪松之人之画》

夏，在"天地居"为纪念孙中山诞辰作诗《春梦》；并作《仙佛人物图卷》、《秋松图》、《松荫芭蕉图》、《一树秋风舟自横图轴》、《陕北见闻图轴》等作品。

是年冬起，董欣宾四处奔走呼吁，向有关省、市领导和部门反映加强乡镇企业史资料征集和研究的意见。

同年，第1期《朵云》发表董欣宾、郑奇论文《从"六法"之生态看中国画的现状》。

同年，《中国绘画对偶范畴论》与《中国绘画六法生态论》由江苏美术出版社第二次印刷。

10月，台湾随缘艺术基金会《艺术潮流》（香港）杂志社出版《中国大陆中青年美术家百人传·国画篇》，董欣宾名列第四。

同年，董欣宾被美国哈佛传记研究所编入《世界著名杰出个人》大词典，又被英国剑桥国际传记研究中心评为1992年世界杰出人物，编入《国际文化名人大词典》，同时被选为国际杰出人物协会委员，并授予蓝宝石金质勋章。

THE BOARD OF DIRECTORS,
GOVERNING BOARD OF EDITORS,
AND
PUBLICATIONS BOARD
OF
THE AMERICAN BIOGRAPHICAL INSTITUTE
DO HEREBY RECOGNIZE THAT

Dong, Xin Bin

HAS BEEN CHOSEN FOR DISTINGUISHED STANDING AND HAS BEEN CONFERRED WITH AN HONORARY APPOINTMENT TO

THE
RESEARCH
BOARD OF ADVISORS

G. T. Doucet
Director, Research Board of Advisors, The American Biographical Institute, Inc.

入编与入选证书
右上：1992年摄于友人家

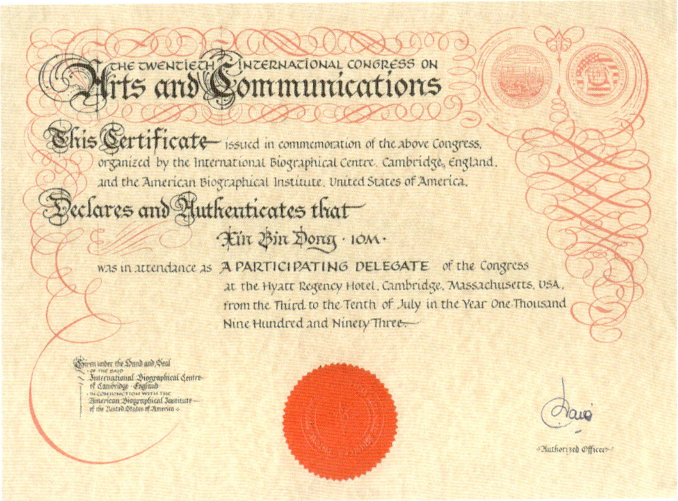

THE TWENTIETH INTERNATIONAL CONGRESS ON
Arts and Communications

This Certificate issued in commemoration of the above Congress, organized by the International Biographical Centre, Cambridge, England, and the American Biographical Institute, United States of America,

Declares and Authenticates that

Xin Bin Dong · IOM ·

was in attendance as A PARTICIPATING DELEGATE of the Congress at the Hyatt Regency Hotel, Cambridge, Massachusetts, USA, from the Third to the Tenth of July in the Year One Thousand Nine Hundred and Ninety Three

Given under the Hand and Seal of the said International Biographical Centre of Cambridge · England · in conjunction with the American Biographical Institute of the United States of America

Authorized Officer

春，为武术家胡振国先生书写对联：振臂便动山川正气，国术原是英雄肝肠。

7月，应邀赴美国出席20世纪世界文化艺术交流大会，期间，应邀就中西绘画比较问题在美国哈佛大学等多所著名学府演讲。

仲夏，在美国波士顿作《渔归戴得夕阳舟图》、《独行天下后图轴》、《夕阳声里牧歌图》、《西国听泉图轴》、《牧归图》等。

同年，画家杨彦赴“天地居”拜访董欣宾，书赠“居高声自远”。

同年，江苏音像出版社出版发行董欣宾作词、郑奇谱曲的《董欣宾歌传——此身宛若云一朵》盒带专辑。

同年，作《抚琴图》、《太湖小品图》、《十仙图》、《乞丐图轴》、《柳下咏哦图轴》、《向日葵图》、《读碑图》、《一舟一桥一天地图轴》、《郑奇像》、《过桥不觉月已升图轴》等，重题《石鲁摘秋图》。为广陵派古琴大师梅曰强先生书“广陵一枝梅书卷”。

1. 1993 年，参加梅曰强先生古琴独奏会时留影
2. 与外国友人笔谈绘画
3. 在美国留影

1994年 甲戌 56岁

6月20日，受聘为国家一级美术师。

9月16日，《扬子晚报》发表著名作家庞瑞垠的评论文章《从＜董欣宾歌传＞说起》。

12月，百花文艺出版社出版《南京大观》，收入董欣宾散文《中山陵寝巡思》和《游燕子矶记》。

同年，在"天地居"作《古屋旧梦图轴》、《白衣僧人图》、《陕北妇女图轴》、《晨趣图》等，为儿子董博作《历历捧琴图》，书写"授上法参大道"。

11月，董欣宾、郑奇合作经济学著作《无锡县社队工业年谱》，由海南国际新闻出版中心出版。

同年，在“天地居”作《释文悟像图轴》、《小放牛图轴》、《宋江杀惜图轴》、《石头观音荷花图轴》、《丐帮世界图轴》、《铁拐仙视听图轴》等。

左：参加儿子董博婚礼有感，遂于1999年题照“凄风苦雨乐此生”，为其与妻子一生的写照，借此同勉
1：在苏州雕花楼与亚明等交流
2：与香港古琴家唐建垣探讨音乐
3：在“天地居”宴请广陵派古琴大师林友仁
4：为中国音乐研究所题词“正觎清远”

5月18日，在北京人民大会堂举行《无锡县社队工业年谱》的首发式乡镇企业研讨会，费孝通、钱伟长等题词，《人民日报》、《光明日报》均作报导。

7月，董欣宾、郑奇合著《太阳的魔语——人类文化生态学导论》由海南国际新闻出版中心出版；美国《世界报》发表学者连文山关于《太阳的魔语——人类文化生态学导论》的书评；《读书》杂志刊登索菲撰写的《太阳的魔语——人类文化生态学导论》书评。

9月，海南国际新闻出版中心出版《东方文明之光——良渚文化发现六十周年纪念文集》，收入董欣宾、郑奇论文《赵陵山族徽在民族思维发展史上的重要意义》。

同年，《东南文化》第2期发表郑奇论文《论江苏画派的两个发展阶段——从傅抱石到董欣宾》，并发表董欣宾中国画作品3幅。

上：与南京紫金山天文台台长合影
右：在"天地居"授课

大千世界 亘古人魂

——推介《太陽的魔語》

■逯文山

朋友，在這裡，我鄭重的向您推薦一本書。我幾乎得說，是一本您非閱讀不可的書。它的名字有點怪，叫《太陽的魔語》。可它不是什麼怪誕小說，也不是什麼陽剛陰柔的修煉法門，正如它的副題所標示的，是一本嚴肅認真、導人以理的“人類文化生態學導論”。

近年來，有關人類文化起源、流變、相互衝突、消融及其各自的成果、結局等議論，的確是此呼彼應，衆說紛紜。把它喻之爲世界的文化大合唱，或一部轟隆作響的交響樂，一點也不爲過。然而，遺憾的是，這一台大合唱，一點也不和諧。爭音走調，各逞其鋒。其間，强勢者音尖錘重，舉勢逼人；雍容者慢攏輕撚，端莊穩重；也有忽哨而過，只留下一串模糊難辨的怪音；或一片沉濁嘶啞、一成不變的老調。這就是當前世界上研究人類文化生態的現狀。

可有誰曾去調理過這一片吵雜的管弦、去梳理這被弄混了的團線？有的。國內江蘇省的兩位學者董欣賓、鄭奇先生，可以說是重組人類文化研究大合唱的有心人。他們窮十年的光陰，在充份研究中外古今各學派成果的基礎上，特闢蹊徑，創立了《太陽的魔語》，開創了人類文化生態研究的新篇章。

本書一個顯著的特點，是把宇宙的形成和發展與人類文化的形成和發展，有機的結合起來，創立“橫向多元進化論”和“文化日心論”。本來，所謂“文化”，就是人類諸“化”。沒有人類，就根本無文化可言。而人類的形成及其進化，又和宇宙的形成及發展息息相關。本書開章明義的“橫向多元進化論”，就是對宇宙、生物、人類的形成、發展的專章研究和探討。在這一單元裡，作者謙虛而又大膽的批判了進化論之父達爾文的“進化論”，認爲他的進化論是“縱向單元進化論”，其缺憾是忽視了事物“橫向”、“多元”的首要前提。對其宇宙萬物最初是由“無機”到第一個有機物，進而到第一個“細胞”逐漸進化而成的“單祖論”，提出質疑和否定。同樣，對其“人猿同祖”的學說和馬克思、恩格斯學說中宣揚的“勞動創造了人類”的說法，也予以否定和批駁。作者强調：人和猿不是同一個祖宗，而不論何種形式的“勞動”，也不可能把動物——哪怕是被歸類爲高等靈長類的猿猴——變成人。人類的出現和形成，是由於在宇宙中產生過併存在着一種特別的“物種”。

這可是一種驚世駭俗的論斷。尤其是在崇尚馬克思主義學說的國家和地區，不啻是一種離經叛道的理論。然而，這可不是作者爲了嘩衆取寵而信口雌黃，他們是通過對古今中外各家的哲學、人類學、考古學乃至生物學的深刻鑽研而作的嚴肅立論。

“文化日心論”應該說是在人類文化研究領域中新出現的嶄新理論。它不但概括了當前世界上各種不同的文化現象，而且溯流探源，探討人類文化的起源及其何以會有今天的不同分野。作者指出：自有人類文化現象以來，因地理及人種的差異而形成了黑色、白色、黃色等幾種不同的文化現象，簡稱爲“三大板塊”文化。間於這三大板塊中間的，還有七種混合的或曰過渡的文化現象。正是這些不同的文化現象，構築成人類各個不同時期燦爛輝煌的歷史；也是因爲這不同的文化現象及其衝突鬥爭，又演出了不同歷史時期人類社會的漫天悲劇，並遺留下巨大的歷史創傷。

當今之世，在有關人類文化研究的領域內，甚囂塵上的是一種“種族優越”論“歐洲文化先進”論。無疑，西方文明在歷史上有過輝煌的歲月，對人類社會有過巨大的貢獻。這是不容抹刹的事實。但是，不能據此認爲：西方文化永遠是“世界文壇”的霸主。“文化日心論”强調：無論何種文化，其發展必須遵循（一）本體自律；（二）異體互律；（三）互律之特殊形式“雙妥律”；（四）整協律。

所謂整協，顧名思義就是“整理”和“協調”。各種不同文化現象，經常會發生矛盾和鬥爭，這是事物發展的客觀規律，不以人們的意志爲轉移。按整協律的說法：各種文化現象的必然走向，是互律向異體間的深入了解和認識，並相互吸收和重組，最終走向多元性的大同文化。在整協的過程（運動）中，由於各異體特質、力變、發展速度的懸殊，整協過程表現爲“旋流”狀況，在旋流中沉澱的爲歷史文化；衝出旋流區繼續前進的爲“旋流上文化”；被旋流上文化帶動前進的爲“懸濁文化”。這些文化現象會在不同的歷史時期中，會有不同的演變和易位，不會永遠僵死不動的。按作者的分析和預見，以“美性”爲特徵的東西方文化，目前正花團錦簇、步履娓娓的走上新世紀的世界歷史舞台。

由於本書是一部體大系博的專業力著，涉獵的史料繁多，演繹也較爲深奧。遠非拙陋的筆者能在短短的一篇小文中道盡究竟的，希望有志的朋友廣泛參與，一齊來接力，把紛紜複雜的人類文化現象研究出一個完美的體系。

上：董欣宾、郑奇著《魔语——人类文化生态学导论》（此版为文化艺术出版社2001年再版）

下：逯文山撰写《大千世界亘古人魂——推荐＜太阳的魔语＞》书评

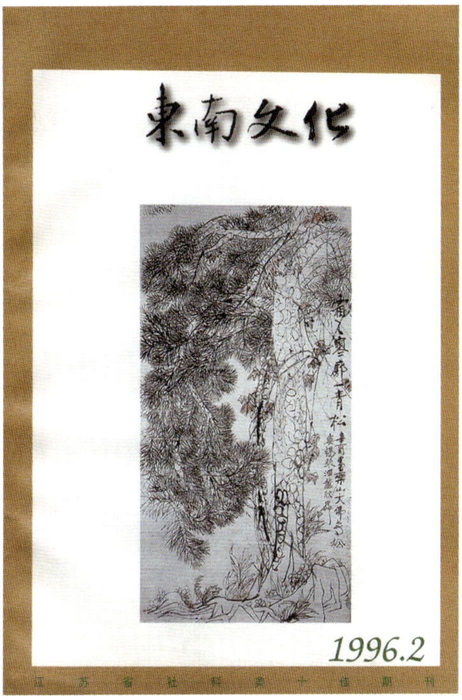

上、下：1996年，《东南文化》第2期刊载董欣宾的中国画作品，此为封面及封底

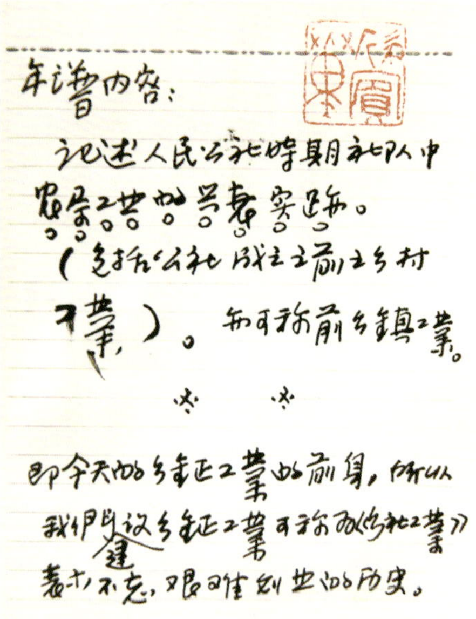

《无锡县社队工业年谱》封面、著作手稿及海报

“江苏省锡山市《无锡县社队工业年谱》首发式暨乡镇企业发展研讨会”在人民大会举行

南京艺术学院学报《艺苑》(美术版)第3期发表郑奇论文《董欣宾研究》，并刊登董欣宾作品4幅。

10月，澳门举行亚细亚现代艺术交流会，董欣宾任美术代表团团长。

同年，在"天地居"作《汉鼎白梅图轴》、《运河之黎明图》、《春竹含露图轴》、《浓林图》、《秋水图》、《舞罢红袖娇无力图轴》、《李白一句境千重图轴》等。

上：与钱绍武先生、秦稚吉先生、刘达江先生在秦古柳先生师生合展上留影

右："中国绘画学科建设之研究"入选全国艺术科学"九五"规划重点课题

全国艺术科学"九五"规划重点课题
立项通知书（国家资助课题）

董欣宾 同志：

经学科评审小组评议，全国艺术学科规划领导小组审批，你申报的课题 中国绘画学科建设之研究 已获准立项，批准号 97GB29，课题类别为 一般课题，研究周期为 1997 年 11 月 1 日至 1999 年 12 月 31 日，资助总额为 2.5 万元，第一次拨款 1.25 万元，第二次拨款 0.75 万元，第三次拨款 — 万元，预留经费 0.5 万元。请认真填写回执，于 11 月 1 日前寄达我办，我办接到回执后拨款。

为确保课题按期、按质量完成，课题负责人和课题组必须严格遵守国家有关财务制度和《全国艺术科学规划重点研究课题管理暂行办法》，并参照全国哲学社会科学规划办公室关于课题管理和经费管理的有关规定，务必做到以下几点：

一、必须按课题申请书中的课题设计（含研究内容、研究方向和成果形式等），由所报课题组全体成员开展研究工作，不得擅自改变。需要改变者，必须经所在单位审查并签署意见后报我办批准。

二、请于 1998 年 5 月 1 日以前，提交研究工作报告、阶段性成果、启动经费使用情况和续拨款申请及预算，接受课题初期检查（研究工作报告等材料的内容、规格要求另行通知）。以上材料经所在单位审查并签署明确意见后报我办。我办确认研究工作进度、质量、经费使用等符合规定后，拨付续拨经费。未经初期检查或检查不合格者将分别按具体情况暂停拨款、不予拨款或采取其他措施。我办按经费总额的 20 % 预留的保证金，在成果鉴定验收合格后拨付，以补足课题研究经费、鉴定费用和科研奖励费用。

三、课题经费的使用必须符合国家的财务制度，严格按照经费管理办法的有关规定执行：

1、全国艺术科学"九五"规划课题的管理工作，由课题负责人所在的省、自治区、直辖市文化厅（局）科教处负责，资助经费由地方文化厅（局）科教处转课题组负责人所在单位，由地方文化厅科教处会同该单位科研管理部门代管并负责监督。回执要求填写的经费管理单位帐户必须是地方文化厅（局）科教处（未设科教处的，应为文化厅科研主管部门）的帐户，不得提供其他帐户。

课题负责人所在单位为文化部直属单位及在京高校的，由全国艺术科学领导小组办公室直接管理，回执要求填写的经费管理单位帐户必须是课题负责人所在单位的帐户，由财务部门填写，课题组使用经费必须经本单位科研管理部门审核，接受财务部门的监督。帐户发生变化，应及时书面通知我办。

2、课题经费只限用于资料费、国内调研差旅费、小型会议费、计算机使用费、印刷补助费和经批准的稿酬、成果鉴定费、管理费。

3、课题负责人所在单位可按课题经费总额的 5 % 提取管理费，重点课题每个不得超过 1500 元，一般课题每个不得超过 1000 元，用于为研究工作提供条件和服务的补偿。管理费的提取与分期拨款同步进行，不得按总经费比例一次性提取。除课题负责人所在单位可按规定提取管理费外，其下属单位和部门（如高校的系）不得以任何理由重复提取管理费或其他费用。

4、除有重要学术价值和实际应用价值又不宜公开出版、发表的研究成果，在课题最终完成后可按规定并经逐级批准提取稿酬外，一律不得从课题经费中支付稿酬。

5、不得把课题经费用于岗位津贴、科研津贴、返聘费和写作补贴等工资福利或工资福利性支出。

6、课题经费不准用于安装电话、购置微机、照相机等固定资产；不得支付出国或赴港澳台地区的差旅费；不得用于购买与本课题研究无关的书刊；调研差旅费不得用于课题组以外人员。

7、任何单位、个人不得用课题经费请客送礼、游山玩水，未完成课题前不得提取劳务酬金，更不得贪污、挪用、挤占课题经费。

特此通知。

（章）

1997 年 9 月 24 日

抄送：课题负责人所在单位

南京艺术学院学报《艺苑》(美术版)第 1 期发表董欣宾论文《纵横国画如是观》，并发表其国画作品《太湖夜泊望月西》。

5 月，《中国绘画对偶范畴论》和《中国绘画六法生态论》由江苏美术出版社第 3 次印刷。

8 月，译林出版社出版豪华本大型画册《董欣宾画集》。

同年，在“天地居”作《铁拐李图轴》、《石鲁先生造像图》、《寒梅仕女图》、《酒狂图轴》、《夏月黎明图》、《弘一法师造像图轴》、《酒僧图》、《风雨归舟图》等。

应邀参加上海中国画“双年展”。

怀念导师刘海粟，撰写文章《永远爱戴我的导师》。

1998 年，在刘海粟美术馆前留影

哭导师海粟宗师逝世七言二首

(一)

一任嚎淘百梦醒
倾眉洒断水墨情
雨窗带秋谢百花
画星落处夜沉沉
九十九岁绮如虹
披胆沥肝熬八旬
堪叹艺途途如丝
思之愈甚悲愈甚

(二)

抚思辛亥百端情
一雷声起奔群星
鹰扬川野海天宽
风长花怒别样春
天易云涌心胆史
振臂呼处大地情
欲无奈尔称海粟
如椽画笔第一人

是年，在扬州国家文物局培训班讲授书画鉴定课。

是年，在"天地居"作《忧怜罗汉图轴》、《苦瓜僧人图轴》、《暮秋长烟图轴》、《漠漠夕晚中图轴》、《忧怜人物图轴》、《无锡太湖佳景图轴》、《风雨观象图》《暮归渔樵图》、《潇湘云水图轴》等。

上：在"天地居"创作
右：创作《罗汉点睛图》

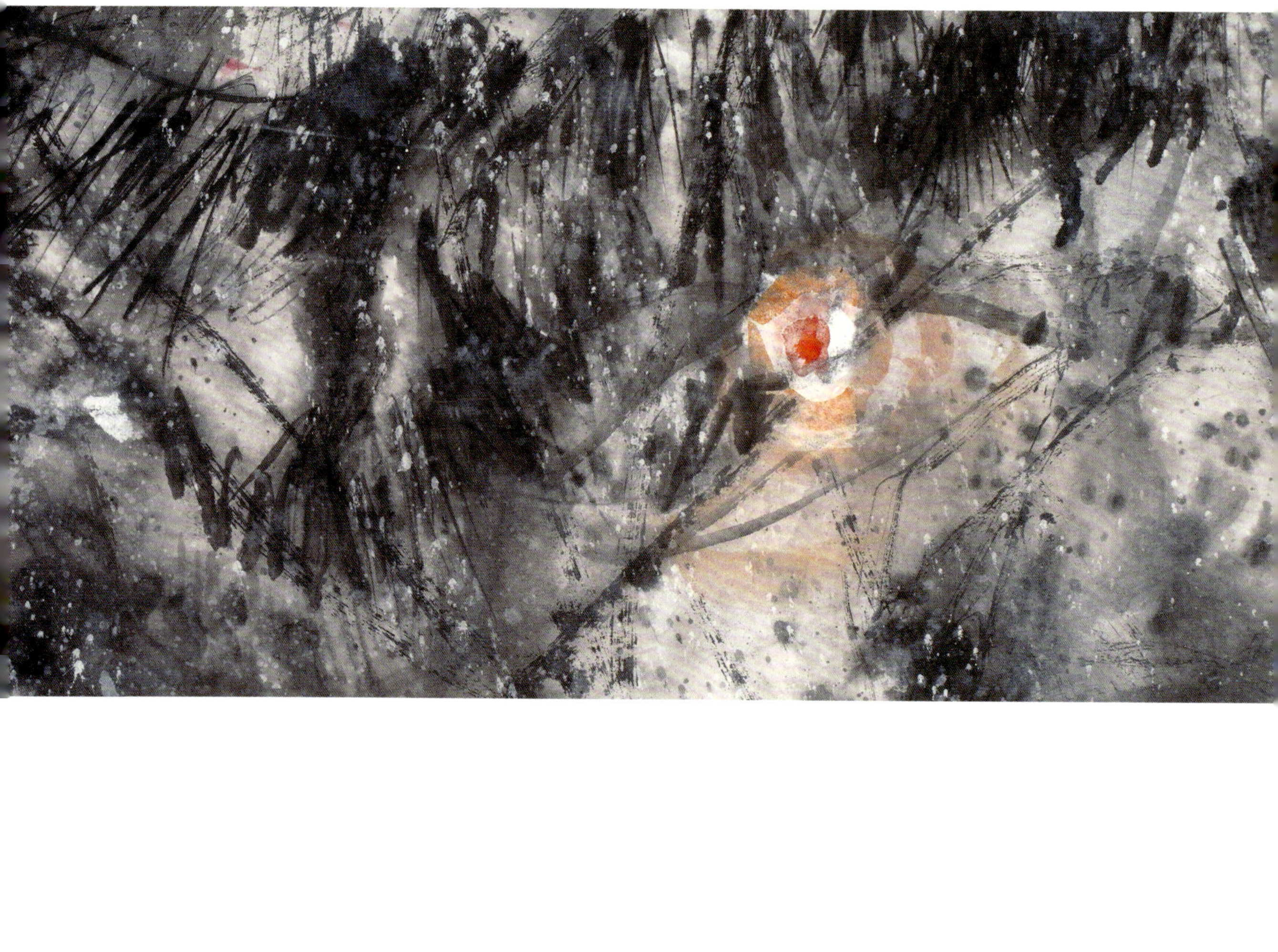

风雪迷归途 深壑有孤灯
20世纪90年代
154.2×75.9cm
纸本设色

无题
20世纪90年代中期
138.7×68.9cm
纸本设色

无题
20世纪90年代
136.9×69.6cm
纸本设色

傲雪
20世纪90年代
137×68cm
纸本设色

无题
20世纪90年代中期
96.5×180cm
纸本设色

无题
20世纪90年代
68.4×34.3cm
纸本水墨

无题
20世纪90年代
137×68.3cm
纸本水墨

无题
20 世纪 90 年代
136.9×69.3cm
纸本设色

松石图
1999 年
94×34cm
纸本设色

无题
20 世纪 90 年代
68×45.8cm
纸本水墨

无题
20世纪90年代
83.5×49.3cm
纸本设色

无题
20 世纪 90 年代
57.5×36.4cm
纸本设色

无题
20 世纪 90 年代
68.2×57.4cm
纸本设色

秋夏之间的黎明
20 世纪 90 年代
66.2×44cm
纸本设色

无题
20 世纪 90 年代
65.4×57.3cm
纸本设色

无题
20 世纪 90 年代
51.6×66.2cm
纸本设色

无题
20 世纪 90 年代
69.3×69.3cm
纸本设色

炊烟袅袅
1991 年
69×68.7cm
纸本水墨

无题
20 世纪 90 年代
69.4×68.9cm
纸本设色

无题
20 世纪 90 年代
41.9×152.7cm
纸本水墨

无题
20 世纪 90 年代
48.3×60cm
纸本设色

无题

20 世纪 90 年代

49×51cm

纸本设色

无题
20 世纪 90 年代
55.4×52cm
纸本设色

无题
20世纪90年代
55.4×52cm
纸本设色

无题
20 世纪 90 年代初
69.1×49.5cm
纸本设色

无题
20世纪90年代
69.4×67.3cm
纸本设色

无题
20 世纪 90 年代
69×69.7cm
纸本设色

无题
20世纪90年代
68.7×69.2cm
纸本设色

秋意图
20 世纪 90 年代
69×68.3cm
纸本设色

无题
20世纪90年代
68.5×68.8cm
纸本设色

无题
20 世纪 90 年代
66 × 66cm
纸本设色

无题
20 世纪 90 年代
69×68.5cm
纸本设色

无题
20世纪90年代
91×55.6cm
纸本设色

无题
20世纪90年代
88.1×66.1cm
纸本设色

陆游词意图
1999 年
83.2×70.2cm
纸本设色

无题
20 世纪 90 年代
137×70cm
纸本设色

李白诗意图
20 世纪 90 年代
68.6×41.4cm
纸本设色

无题
20 世纪 90 年代
81.5×52cm
纸本设色

米芾拜石图
1992 年
134.5×67cm
纸本设色

米芾拜石圖

无题
20 世纪 90 年代
136.5 × 70cm
纸本设色

无题

20世纪90年代

138.3×68.4cm

纸本设色

无题
20 世纪 90 年代
138 × 68.7cm
纸本设色

无题
20 世纪 90 年代
138 × 69cm
纸本设色

无题
20 世纪 90 年代
91×55.6cm
纸本设色

无题
20 世纪 90 年代
138.7×68.8cm
纸本设色

无题

20 世纪 90 年代

68.5×68.3cm

纸本水墨

无题
20 世纪 90 年代
34.5×45.8cm
纸本设色

无题
20 世纪 90 年代
52.9×46.5cm
纸本设色

无题
20世纪90年代
36.5×51.2cm
纸本设色

无题
20 世纪 90 年代
46.5×56.7cm
纸本水墨

无题
20 世纪 90 年代
44.7×49.3cm
纸本水墨

无题
20 世纪 90 年代
133.2×66.3cm
纸本设色

盘根错结一青虬
20世纪90年代
138.2×68.7cm
纸本水墨

一松图
1992 年
138×69.2cm
纸本水墨

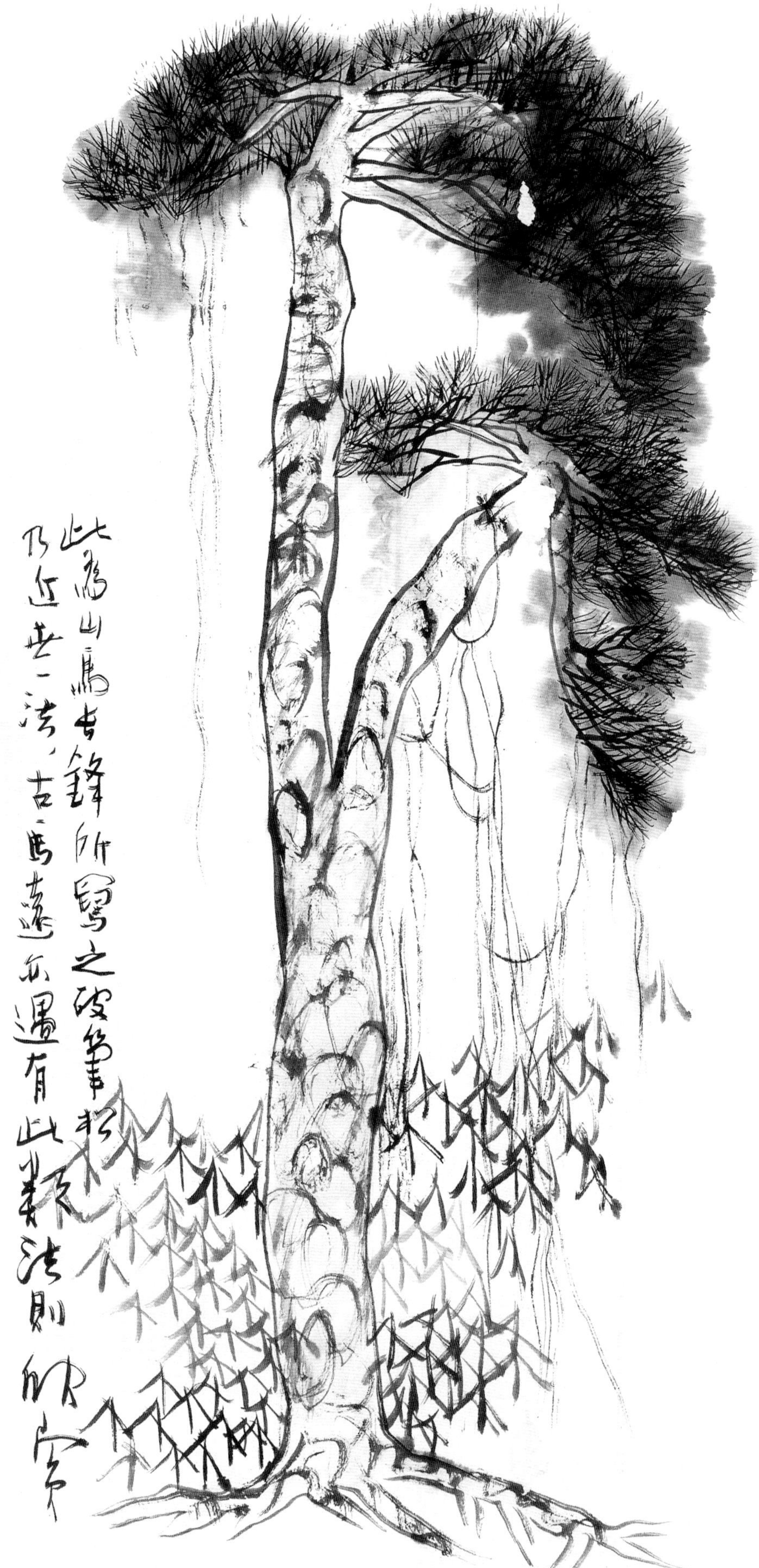

无题
20 世纪 90 年代
134.7×68.2cm
纸本水墨

龙从风
1992 年
134.2×67cm
纸本设色

无题
20 世纪 90 年代
137×68.6cm
纸本设色

丽如春雪艳若秋
1991 年
137.9×68.3cm
纸本设色

无题
20 世纪 90 年代
137.4×68.2cm
纸本设色

秋意

20 世纪 90 年代

128.8×66.4cm

纸本设色

无题

20 世纪 90 年代

45.6×69.5cm

纸本设色

初试牡丹图
1993 年
34.3×45.5cm
纸本设色

草中称王
20 世纪 90 年代
46.5×68.8cm
纸本水墨

无题
20 世纪 90 年代
70×139.4cm
纸本水墨

无题
20 世纪 90 年代
68.5×99.8cm
纸本水墨

无题
1998 年
137.7×69.7cm
纸本水墨

无题
20世纪90年代
138×68.7cm
纸本水墨

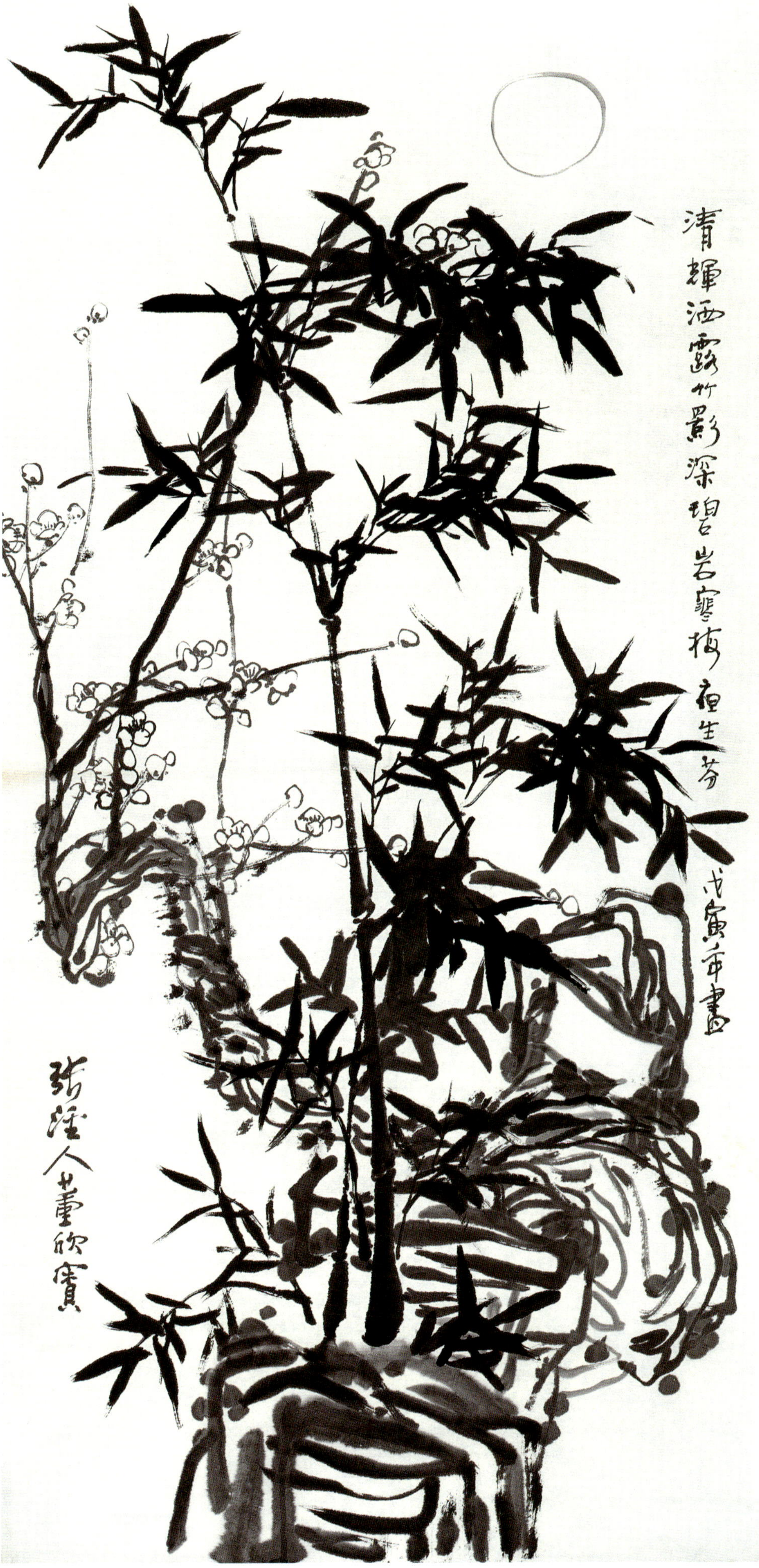

无题
1998 年
138×68.7cm
纸本水墨

无题
20 世纪 90 年代
136.6×68.7cm
纸本水墨

芝竹图
1992年
139×68.4cm
纸本水墨

无题
20世纪90年代
68.5×137.6cm
纸本水墨

无题
20世纪90年代
68.4×138.3cm
纸本水墨

浣纱女
1999 年
68×66.5cm
纸本水墨

人物
20 世纪 90 年代
67×67cm
纸本水墨

昭君十八拍图

20 世纪 90 年代

67×67cm

纸本水墨

动不愉
20 世纪 90 年代
67×67cm
纸本水墨

梅花人物
20 世纪 90 年代
139 × 70cm
纸本设色

人物
20 世纪 90 年代
139 × 70cm
纸本设色

樂家建國之前走巷穿戶手持
絲竹音
二胡三弦
亦步亦
吟絲竹聲
人間
疾苦
弦中
波瀾
或若清泉之瀲激或如
風之呼嘯雨之滂
沱
明月秋風嚴霜黑夜四九寒
后逐漸不見此類影踪偶於
巷陌便是遺世孤影無盡悵
惘者矣
欣賞記實
它們才是江南絲竹的推導者創造人
欣賞又題

石鲁“文革”行乞图
1991 年
67 × 67cm
纸本设色

人物
20 世纪 90 年代
179×98cm
纸本设色

2000-2002

涅槃归道

在手术治疗期间，董欣宾把毕生创作的作品进行整理分类后总结说：我画出了一个新世界，50 年内将无人能超越我的艺术，个人成就只有登上了民族文化的巅峰，才能对民族作出杰出的贡献，个人的名字亦将与民族的历史长存。100 年后中国文化在我的预言是将会被推向人类文化的最高殿堂而被学习和传诵。在董欣宾"寒意如彼"却"没有悲伤"的艺术征途中，他一直将个人创造与民族文化的兴衰紧密联系，自信与抱负并存，责任与探道同行。在他的预言中，中国文化与中国绘画正在走向复兴，而"执守大道"也必将使他的艺术如笔下苍松，奇骨开张，生机无限，带给行进于此道中的后来者以启示与力量。

2000 年 庚辰 62 岁

《美术》杂志第 1 期发表董欣宾、郑奇论文《谈吴冠中、关山月的不同“零”说》。

5 月，中国美术出版总社《荣宝斋》杂志第 3 期发表郑奇论文《董欣宾与当代中国画》，同时发表董欣宾中国画作品 31 幅。

同年，作《笔意图》、《云里雾里江海里图轴》、《秋色图》、《越山绵绵图卷》、《药王图轴》等，题《五十又五岁课徒稿》，书《藏书诗而寄栖书卷》。

2000 年，在京西宾馆创作

《荣宝斋》期刊2000年第3期发表我的文章《董欣宾与当代中国画》，董欣宾送一本给马书珍先生，在环衬上题字，亦将原来的设计当做底纹，题字时有让有压，跌宕多姿。此时董师与马先生关系已十分熟悉，对马先生且寄予了一定的期望，因而题字从内容到形式，都在随随便便中充溢着鼓励。

题句引用唐诗，改了两个字（“劝”改为“观”，“进”改为“尽”）。我与董师相处，知他这种“改”，有时是有意，有时是笔误。往往有人向他指出，他大多不予理睬，听凭自然，尊重缘分，这也是他与众不同的气度与性格的表现。但在绝大多数情况下，即使是笔误，你也会从他的笔误中读到一种特殊的趣味。这既显中国文字的奇妙，也显出董欣宾性格的特异。

——郑奇点评

5月，香港《星岛日报》连载孟昌明文章《关于董欣宾》。

6月，中国文化部中外文化交流中心策划《董欣宾人物画集稿》，出版《画语与印痕》。

8月7日至12日，“江南好——董欣宾中国画展”于中国美术馆1楼正中圆厅举办。

同年，《太阳的魔语——人类文化生态学导论》由文化艺术出版社再版。

董欣宾诗集《百感浩茫诗与画》由上海文艺出版社出版。

《新民周刊》第15期发表著名作家陈丹燕文章《画家的不甘心》。

香港出版由董欣宾作词、郑奇谱曲的《丹心不寄旧春秋——董欣宾歌传》专辑CD。

在广州碧桂园作《苍凉言人生图》、《董欣宾画语录百则小序》，病后作《竹石图轴》，作《张果老造像图》等。重题旧作《囚居图》、《藏女图》。

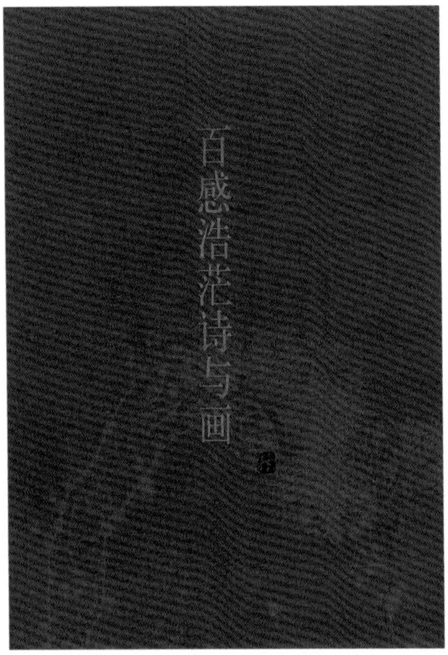

左： 董欣宾著《百感浩茫诗与画》封面
右上：2001年，在展览中与文化部部长孙家正及郑奇合影
右下：2001年，在中国美术馆展览海报前与夫人李一兰及郑奇合影

陈澤坤書法藝術
CALLIGRAPHY EXHIBITION OF Chenzekun
主办单位
中国对外艺术展览中心
中国美术馆
Host Organizer
China International Exhibition Agency
National Museum of Fine Arts
展出日期：2001年8月7日－8月12日
时间：9:00-17:00(16:00停止入场)
地点：北京·中国美术馆
地址：东城区五四大街1号
Date: August 7-12, 2001
Time: 9:00-17:00 (Admission until 16:00)
Venue: National Museum of Fine Arts

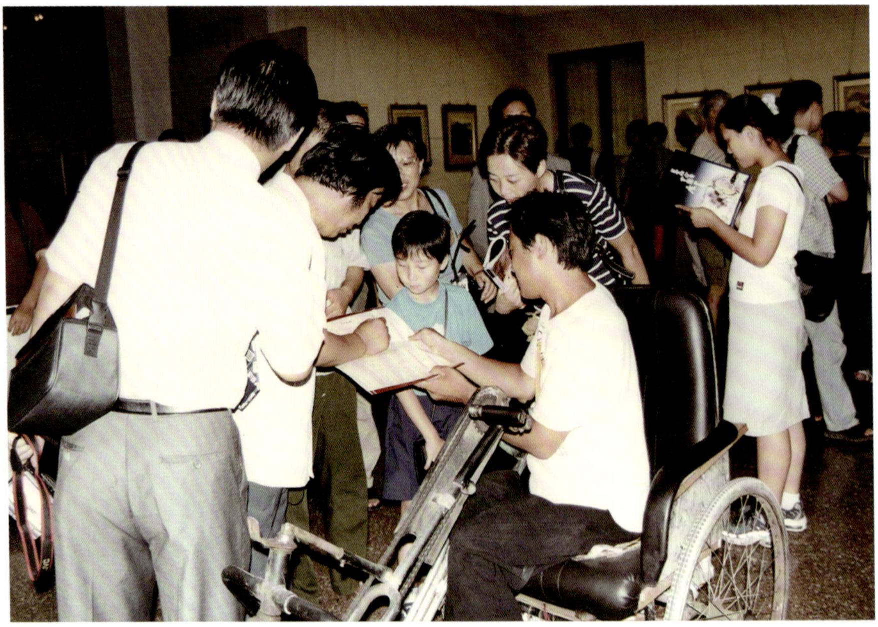

左上：陪同文化部部长孙家正、中国美术馆馆长杨力舟、中国对外艺术展览中心张宇先生一起参观其在中国美术馆的个展
左下：中国美术馆个展现场，与观众交流
右：　中国美术馆个展相关新闻报道及展后评论

2001年8月5日　BEIJING EVENING NEWS

北京晚报　艺术图话

■新闻未来时

董欣宾画展将举办

由文化部中国对外艺术展览中心主办的“江南好——董欣宾中国画展”将于8月7日至8月12日在中国美术馆举办。

此次董欣宾画展将展出60余幅作品，分为三个版块，即“水墨江南”、“青绿江西”、“变奏江南”，是董欣宾先生经过10余年精心创作的艺术成果展示。

董欣宾1979年成为刘海粟大师平生惟一的山水画研究生，他诗、书、画、印皆具功底，并热衷中西哲学、文学、美学的研究。

■新闻背景

闭户几十年

画画不卖画

陈丹燕

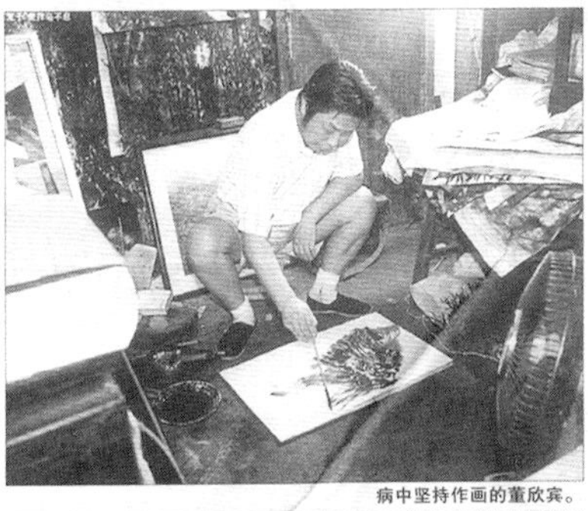

病中坚持作画的董欣宾。

在南京，走进董欣宾家那旧而潦草的家门时，要不是薄薄的木门上贴着董欣宾自己写的大红对联，我都不敢认这光秃秃的水泥地上涂着暗红改良漆的柴门。可是，这里果然是董家。门开了，董欣宾像一头闲兽那样站在小而幽暗寒冷的客堂间里冲我笑。由于化疗，他的头发已经落了。他刚刚化疗结束，胸腔里少了两叶病肺。他在身上东一件西一件穿着不少毛衣，身边却横着一张夏天在天井里纳凉的竹榻。合上门的时候，看到门边没有放家具的墙上，满是墨渍。

他也在一间小屋子的地上画画，当他要画一些大画的时候，没有足够大的条案，他就蹲在地上画。但那屋子没有足够的光线。董欣宾在他原来画画的位置站着，试图像从前那样蹲下去给我们看。他困难地蹲下去，他说：“我的身体再也不能这样画画了。”他站了一会，又说：“我真的不甘心。”

董欣宾邀请我们去他的卧室看画，因为那里有一张大床，可以把宣纸平摊在床上。“看画看画。”他伸着手，像招呼鸭子那样把我们引到他的卧室里，大家只能在床前站成一排，就这样，还是把董太太给挤出去了。

然而，他的画把一切都照亮了。当别人帮着他将画小心地展开时，一个中国人的心灵世界展现在我的眼前。

越过翻动的充满了墨香的宣纸，我看见在客堂间灰色的日光灯下，董太太默默地望着在画前满眼放光的丈夫。

“我舍不得卖我的画。”董欣宾说。

在上海，我们去董欣宾临时住的金门大饭店看他，而他却正在城隍庙的古董摊上淘旧货。于是我们在大堂里坐着等他。过了一会，董欣宾出现了，他顶着一头像火焰一样直竖在头顶的细细的乌发，那是他化疗以后新长出来的头发。他的黑发像孩子的胎毛那样细亮地直竖在头上，在大堂往来的人里绝无仅有。

他摸摸自己的头发说：“你见过这样子的头发吗？你知道我为什么不剃掉它们吗？这叫死灰复燃。”

董欣宾长达20多年的研究，完成了一系列的理论书籍。1986年后，完成了《中国绘画对偶范畴论》、《中国绘画六法生态论》、《太阳的魔语——人类文化生态学导论》，这些著述是董欣宾所创造的崭新的理论体系，寄托贯穿了他一生奋斗的目标和艺术之理想。现在他与郑奇又开始写《中国绘画学》，此书已被列入国家重点科研课题。

国画《水柳》　董欣宾

■本报背景资料室

董欣宾　1979年考入南京艺术学院，成为刘海粟院长惟一的山水画研究生。

1983年发表论文《中国画点线内结构解析》。

1989年《中国美术报》发表董欣宾、郑奇文章《关于文化对流的对话》。

1990年，董欣宾、郑奇合著《中国绘画对偶范畴论》和《中国绘画六法生态论》出版。

1992年《朵云》发表董欣宾、郑奇论文《从“六法”之生态看中国画的现状》。

1996年，董欣宾、郑奇合著《太阳的魔语——人类文化生态学导论》出版。

同年，董欣宾诗集《心思浩茫诗与画》出版。香港出版董欣宾作词，郑奇谱曲的《丹心不寄旧春秋——董欣宾歌传》专辑CD。

是年，病寓上海。

3月初，书《三川四野、一叹而已卷》。

10月15日下午6时，中国画坛一代大师董欣宾因病医治无效在上海逝世，享年64岁。

10月19日下午2时，在上海宝兴殡仪馆举行董欣宾遗体告别仪式。

12月17日，由文化部中国对外艺术展览公司主持，在北京政协礼堂金厅举行“董欣宾艺术人生追思会”。

12月26日，由江苏省文学艺术界联合会、南京博物院、中国对外艺术展览公司、南京艺术学院、江苏省美术家协会、江苏省书画家协会、《江苏画刊》、无锡市文化局、无锡市博物馆共同在南京博物院主办“大师的苦旅——董欣宾艺术回顾展”；出版《大师的艺术苦旅——董欣宾先生追思文集》。

同年，《江苏画刊》3月、5月连载郑奇论文《董欣宾对中国画理论的贡献》一至三部分；董欣宾在无锡张泾的故居由无锡市人民政府公布为文物保护单位。

左：　重病期间，在广州休养时留影
右上：“大师的苦旅”南京博物院追思展开幕式
右下：索菲女士在北京政协礼堂举行的追思会上发言

二松图

2001 年

125.7×71.2cm

纸本水墨

二松圖
二〇〇一年
欣賓画

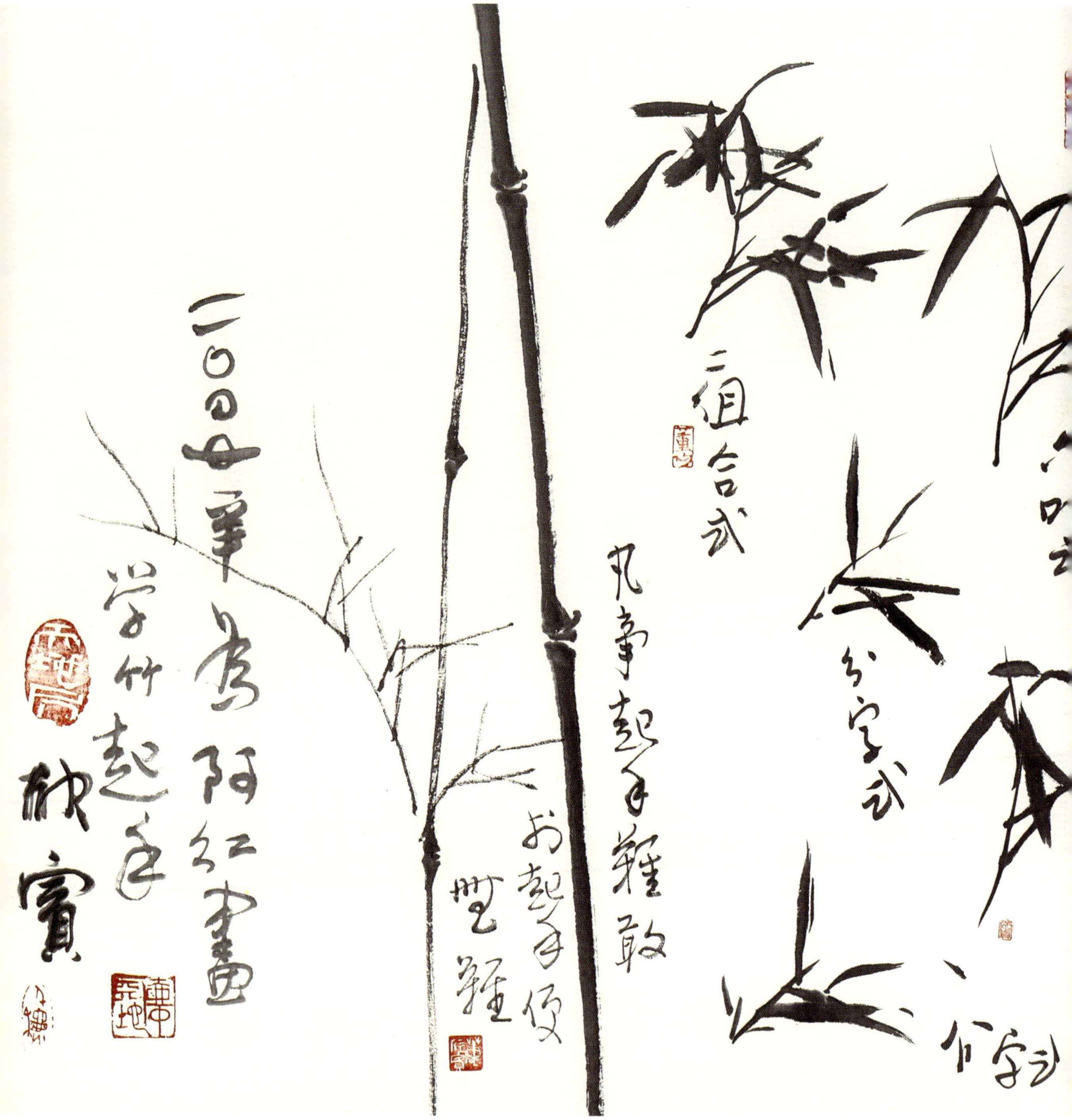

墨竹法式
2001 年
68×137cm
纸本水墨

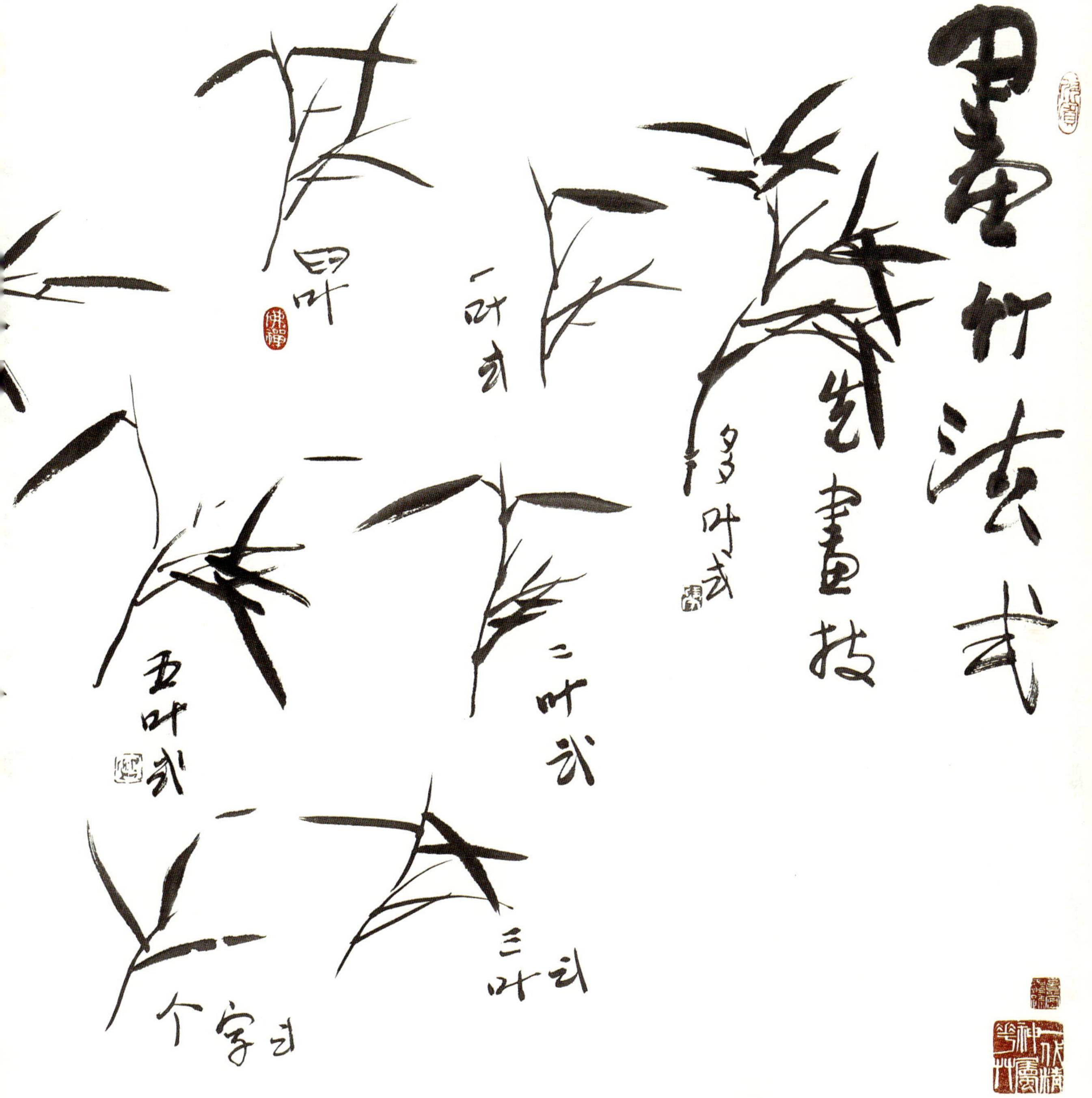
墨竹法式
畫技
多叶式
一叶式
四叶
五叶式
二叶式
三叶式
个字式

上：2003年，在南京航空航天大学艺术学院举办“中国绘画学编写工作会议”，家属捐赠董欣宾相关资料
下：2003年，追思画展后，众多友人、学生在东林书院合影

上：2003 年，“大师之旅——董欣宾逝世周年艺术回顾展”在无锡博物馆举办
下：2003 年，“大师之旅——董欣宾逝世周年艺术回顾展”在上海美术馆举办

2008 年，“大师之旅——董欣宾作品回顾展”在广东美术馆举办

2008 年，“董欣宾启示录”在北京宋庄美术馆举办

2002年，王朝文化艺术出版社(香港)出版的《大师的艺术苦旅——董欣宾先生追思文集》封面

2003年，中国社会出版社出版的董欣宾著《中国风水学术记悟》封面

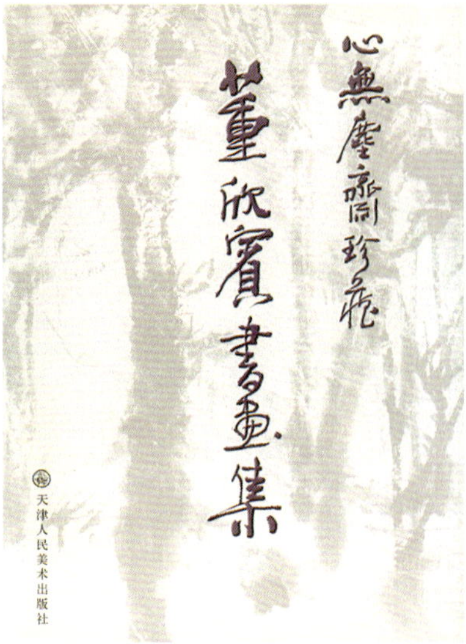

2003年，天津人民美术出版社出版的《心无尘斋珍藏——董欣宾书画集》封面

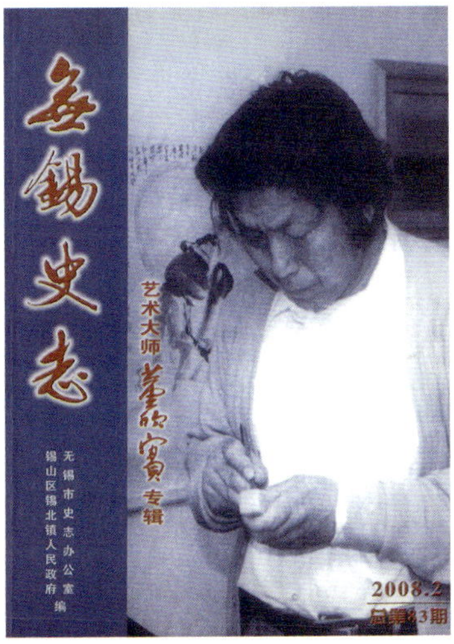

2003 年，无锡市史志办公室锡山区北镇人民政府编印的《无锡史志——艺术大师董欣宾专辑》封面

2008 年编印《大师之路——董欣宾画选》

2008 年编印的《大师之旅——董欣宾画选》封面

董欣宾

董欣宾

平安欣宾（套印）

天徒

天徒（附边款）

董欣宾画

欣宾

董欣宾

欣宾

欣宾

董

天地居主人

董欣宾天地居主人

天地居

天地居二灯堂

风浪生涯

亦狂亦狷

三壁精居

欣宾画

欣宾

家风自爱

我心写意

谈天说地

谈天说地

代天设地

掸天拭地

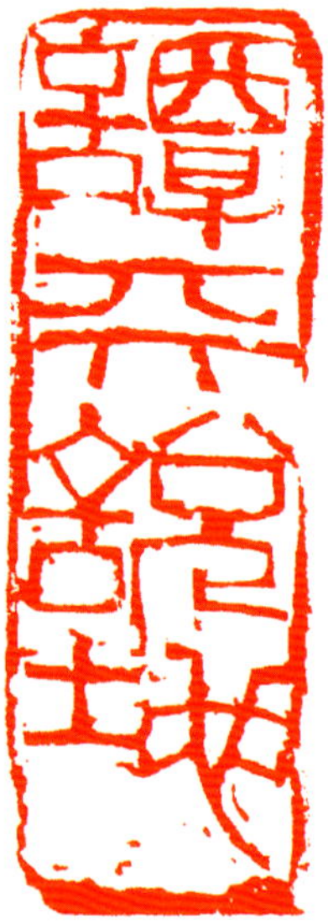

后记

2012（壬辰）多事之年，有人遇事，有人找事，与我而言是了事的一年。十年前，壬午秋十月十五日六时，家父辞世，带着他一生经历的风霜坎坷离开了我们，留下他的艺术和思想，留下了记忆中对我的关爱呵护，也给我留下这十年对他的怀念与思考，渐渐地我从悲伤中走出来继续前行。

人在启程前往往会在起点回望，我也不例外。

我的回望则是从父亲的身影上缓缓展开，前行总有他的陪伴，有了这陪伴使我这十年走得并不寂寞，期间遭逢的人、事、物丰富多样，起起伏伏，以至于邓锋兄笑讥我说总听说我在斗智斗勇……细回想只能是被动的见招拆招罢了，还拆得狼狈不堪。好在 2012 年了却了我诸多荒唐事业后，再次来梳理父亲的一生，这也是我和父亲最大的性格差异。父亲的个性鲜明强烈，为人侠气快意，临事勇慧并济，做学问更是全心投入，苦苦不怠，慎终追远。他把自己的才气认作责任，极强的使命感最终让他守于平淡，苦行于“天地居”，留下了如此灿烂的艺术作品和影响深远的艺术理论。他的画作照亮我，也照亮许多人的心境，父亲对于民族文化全身而入，矢志不渝，而我仅凭一个带着复杂情感的亲者谨小慎微地试图来守护，去宣扬，入世周旋，小心推挡，至今无所建树。可是这十年来我周围多了许多因为认识到父亲的贡献并有共同信念的朋友，对我而言又是极珍惜的财富。或良言直进，或仗义相助，或结伴而行，指出我的错误和不足，往往让我有醍醐重生的变化，也使我生出感恩之情和希望之心。

多年前，小友李卫戏称我为“老董”，当时是调侃和出于友情的尊戒称谓。十年一晃，诸位小友都已妻子绕膝，白发星点了，不由得算算这苦旅，自秦古柳先生到我辈已然四代相继，不断不孤。在整理本书的资料过程中再次打开了回忆，父亲的师友们：古柳先生、海粟先生、宪庭先生、索菲先生等，我的爷爷、奶奶，我的古琴老师梅先生、林先生，我的武术老师法津先生，都因为和父亲道同而聚，或谈笑论道，或围案文字，或琴剑互印，其情其音历历然。十年岁月，有些前辈作古西去，所以编写纪念父亲辞世十年回顾的册子，纪念是初衷，希望展示他的人生和艺术路程，展示一种真实，但这只是我的视角和理解，幸而在几位好友的帮助努力下，试图变得稍微全面，略略丰富些，大致能展示父亲自少年起到晚年的历程和艺术风貌。看完初稿感触很多，再一次想起我这十年来有幸结识的老师和朋友，在他们各自的领域中如此传奇和出彩。岁月在更替，社会在前进，新的历史在延续，在这延续的历史中，我相信都将会有他们的轨迹。“天地居”的主人不在了，“天地居”的精神依然存在。让我有了一个梦想，希望有幸得识更多的同道师友，聚在一堂，或追随他们，或求道共进。

古人云：“得时者昌，得道者恒。”我愿于后一句话中求索不悔，虽如儋石之储，但我相信会汇聚成海。再次感谢我的朋友李卫兄、邓锋兄、定才兄、向宁兄、安雪兄，他们为先父做了如此多的事，让我倍感温暖。

癸巳 清明 历子于望京

图书在版编目（CIP）数据

欣然为宾 ：董欣宾先生逝世十周年纪念集 / 邓锋主编 . -- 北京 ：文化艺术出版社，2013.4
ISBN 978-7-5039-5595-2

Ⅰ . ①欣… Ⅱ . ①邓… Ⅲ . ①董欣宾（1939 ~ 2002）- 纪念文集②中国画 - 作品集 - 中国 - 现代 Ⅳ .
① K825.72-53 ② J222.7

中国版本图书馆 CIP 数据核字（2013）第 072441 号

欣然为宾——董欣宾先生逝世十周年纪念集

主　　编　邓　锋
责任编辑　王　红
出版发行　文化艺术出版社
地　　址　北京市东城区东四八条 52 号　100700
网　　址　www.whyscbs.com
电子信箱　whysbooks@263.net
电　　话　（010）84057666（总编室）　84057667（办公室）
　　　　　84057691—84057699（发行部）
传　　真　（010）84057660（总编室）　84057670（办公室）
　　　　　84057690（发行部）
经　　销　新华书店
印　　刷　北京雅昌彩色印刷有限公司
版　　次　2013 年 4 月第 1 版
　　　　　2013 年 4 月第 1 次印刷
开　　本　889 毫米 ×1194 毫米　1/16
印　　张　18
书　　号　ISBN 978-7-5039-5595-2
定　　价　198.00 元
